Servir a los ricos

PENÍNSULA

Servir a los ricos

Una mirada crítica a la intimidad de la élite social y económica

Alizée Delpierre

Traducción de Palmira Feixas

PENÍNSULA

Título original: *Servir les riches. Les domestiques chez les grandes fortunes*

Obra publicada originalmente en la colección *L'envers des faits*, dirigida por Paul Pasquali y Fabien Truong.

Primera edición: marzo de 2025

Ediciones Península,
Diagonal 662-664
08034 Barcelona
edicionespeninsula@planeta.es
www.edicionespeninsula.com

REALIZACIÓN PLANETA - fotocomposición
Impresión y encuadernación: Limpergraf
Depósito legal: B. 3.600-2025
ISBN: 978-84-1100-341-4

Printed in Spain - Impreso en España

PEFC Certificado
Este libro procede de bosques gestionados de forma sostenible
PEFC
PEFC/14-38-00305
www.pefc.es

A Thelma, cuyos primeros meses de vida
fueron también los de este libro.
A Chloé, cuya escritura es hermosísima.

Índice

Prólogo a la edición española

Veintinueve. Ese es el número de milmillonarios que había en España en 2024, según la clasificación anual de la revista *Forbes*. Una cifra que aumenta constantemente y que sigue la tendencia mundial: cada vez hay más milmillonarios (2.781 en 2024) y su fortuna, estimada en 14,2 billones de dólares, ha alcanzado una suma sin precedentes. A los millonarios también les van bien las cosas: los estudios de Capgemini y del banco UBS demuestran que el número de individuos que poseen más de un millón de dólares sin contar el valor de su residencia principal ha llegado a los 22,8 millones. De manera que en el mundo cada vez hay más ricos, que cada vez son más ricos. Por supuesto, el reparto de la riqueza no es homogéneo en absoluto: Estados Unidos es el país donde se concentra —de lejos— el mayor número de millonarios (constituyen el 6,7 por ciento de la población), seguido de China (el 0,4 por ciento de la población) y de Francia (el 2,8 por ciento de la población). Pero España no tiene nada que envidiar a esos tres primeros países de la clasificación: pese a que entre 2022 y 2023 la riqueza individual global se redujo un 3 por ciento a causa de la crisis y la inflación, el país ha escalado a la décima posición del *ranking* y los millonarios representan el 2,4 por ciento de la población española.

Aunque la investigación sociológica que desembocó en este libro se llevó a cabo en Francia, la relación entre los ultrarricos entrevistados —todos ellos multimillonarios o milmillonarios— y su servicio doméstico a tiempo completo no es propia de Francia. Incluso responde a lógicas que trascienden el caso del servicio doméstico a tiempo completo de ultrarricos: el «maternalismo» de la patrona con sus sirvientas,* las ventajas en especie —como regalos entregados además o en lugar del sueldo—, la importancia de la apariencia en el proceso de selección, el sentimiento permanente de deuda de las sirvientas respecto a sus patrones, el agotamiento físico o la promiscuidad en los domicilios se encuentran en numerosas formas de servicio doméstico por todo el mundo. No obstante, esas lógicas se exacerban en el servicio doméstico de ultrarricos: la distancia social entre patrones y sirvientas es muy grande, sus cuerpos conviven cotidianamente, habida cuenta de que las sirvientas duermen en casa de sus patrones, tienen múltiples cometidos y su jornada de trabajo siempre se alarga más de la cuenta. Por otra parte, esa clase de servicio doméstico se basa en una forma de explotación inédita, que denomino «explotación dorada», dado que se trata de una dedicación al trabajo casi ilimitada por parte del servicio a cambio de unos sueldos particularmente elevados, regalos de gran valor y abundantes ventajas en especie. El servicio doméstico de las grandes fortunas goza de muchas ventajas, pero estas tienen un precio, que es la obligación de consagrar su cuerpo a sus señores. Mi investigación demuestra que el servicio doméstico de los ultrarricos muestra ciertas particularidades que no están ligadas al contexto

* Respecto al uso intencionado del femenino, véase la nota de la página 20.

francés, sino al medio social en el que se desarrolla esa relación laboral.

En España, al igual que en Francia, los ultrarricos se agrupan en ciertos espacios: viven en Madrid, Barcelona y los alrededores, cuentan con segundas residencias en la costa y las Islas Baleares. Españoles, con dos nacionalidades o expatriados, tienen una gran movilidad y viajan por todo el mundo, tanto por trabajo como por placer. De hecho, Francia y España son dos de los principales destinos turísticos europeos por los que se mueven los ultrarricos. De todos los que entrevisté durante mi investigación, muchos viajan a menudo a España, tienen allí una residencia o frecuentan los palacios más hermosos. Ibiza es un destino que adora la juventud dorada de los barrios parisinos de alto copete, del mismo modo que a los jóvenes de las grandes fortunas españolas les encanta la Costa Azul. Por su parte, el servicio doméstico también se mueve por todo el mundo. No solo siguiendo a sus patrones en sus desplazamientos, sino sobre todo porque el mercado laboral doméstico es un mercado globalizado que genera grandes flujos migratorios. En Francia, a partir de la década de 1960, en los empleos domésticos abundan las españolas que han emigrado solas para buscar trabajo. En los años ochenta, las mujeres procedentes de América Latina empiezan a desempeñar una parte considerable de los empleos domésticos. A menudo, estas llegan a través de España o van y vienen entre Francia y España. Según el Ministerio de Trabajo, en la actualidad hay más de 600.000 empleadas del hogar en España, de las cuales más del 62 por ciento son migrantes. Los datos del Ministerio de Inclusión, Seguridad Social y Migraciones revelan que más del 87 por ciento de esas migrantes no son originarias de Europa, sino que en su mayoría proceden de América Latina (de Bolivia,

Colombia, Argentina y Ecuador, especialmente). Como sucede en Francia, resulta difícil saber a ciencia cierta cuántas de ellas trabajan a tiempo completo para ultrarricos, dado que muchas no están declaradas como empleadas del hogar. Con todo, el hecho de que la mayor parte de ellas se concentre en Madrid y Barcelona constituye un indicador del carácter elitista del servicio doméstico en España. De ahí que quepa suponer que casi todos los ultrarricos cuentan con servicio doméstico.

Este libro demuestra que las relaciones de dominación entre ultrarricos y sus sirvientas se encuentran a medio camino entre las relaciones sociales de clase, de raza y de género, cuya imbricación constituye una constante del servicio doméstico. Eso no significa que las jerarquías que se generan sean idénticas en todas partes y en cualquier momento: en lo que toca a las relaciones sociales de raza, se construyen en contextos determinados, muy marcados por el pasado colonial de cada Estado. Así, la esencialización racial de las virtudes y los defectos de las sirvientas que las patronas usan como referencia para contratarlas está sumamente impregnada de la historia nacional y colonial, que instaura la inferioridad de los pueblos colonizados. De ahí que una sirvienta colombiana o marfileña no se perciba igual en Francia que en España. Sin embargo, lo que conviene retener, más allá de las variaciones, es que el hecho de recurrir a servicio doméstico está ligado, en todas partes, a la aparición de ciertas poblaciones a las que los gobiernos han relegado progresivamente a ese sector. En casa de los ultrarricos, esas sirvientas —mujeres y migrantes— se mezclan con otros individuos mucho menos representativos del servicio doméstico: hombres blancos, con títulos académicos, que desempeñan puestos de supervisión. El hogar de los más ricos, además de un universo muy jerarquizado, es el lugar por excelencia del respeto de un orden social que tanto los patrones como las sirvientas defienden a capa y espada.

En este sentido, el servicio doméstico y los círculos de la riqueza no son un mero objeto de estudio en sí mismos. Este libro arroja luz sobre las dinámicas relacionales, sociales, económicas y políticas que las trascienden. El hogar de los ultrarricos es un lugar privilegiado de estudio de la interpenetración de las relaciones familiares y profesionales, de sus sobreentendidos, sus secretos y sus conflictos, que prefiguran las relaciones de poder que rigen el conjunto de la sociedad.

Introducción

Septiembre de 2012. Un martes, hacia las dos de la tarde, tengo una cita con Geneviève, en su domicilio, en el distrito VIII de París. Es la primera vez que acudo a ese barrio. Me intimida la inmensidad y la majestuosidad de los edificios, me asombra la pulcritud de las aceras, me divierten las mujeres que visten a juego con su perro (¿o al contrario?) y los hombres de negocios que saborean tostadas con salmón ahumado en lujosas *brasseries* en plena semana. He llegado antes de la hora acordada y me pregunto: ¿debo llevar algún obsequio? Si hubiera quedado con Geneviève en algún bar para la entrevista de trabajo, ni siquiera me lo habría planteado. Pero es distinto: el hecho de que me haya citado en su casa me hace dudar. Entro en una chocolatería de lujo, situada muy cerca del edificio donde vive. Como soy la única clienta frente a tres dependientas uniformadas que me miran con una sonrisa, no me atrevo a salir de la tienda. Compro precipitadamente una caja de bombones mediana a un precio astronómico, que guardo enseguida en mi bolso, procurando no arrugar la bolsita de papel satinado de color dorado del envoltorio. Se la regalaré a Geneviève como gesto de agradecimiento por recibirme en su casa para la entrevista.

La cita es dentro de un cuarto de hora: demasiado pronto para llamar a la puerta y demasiado tarde para vacilar, así que espero al pie del edificio, hecha un manojo de nervios. A las dos en punto, llamo al timbre. Debo franquear tres puertas con códigos e interfono antes de llegar al ascensor que me lleva al tercer piso. Todo es bello, aunque esa belleza —la de las cosas antiguas, la de las cosas caras— no me entusiasma. Hace unos días, hablé por teléfono con Catherine, la hija de Geneviève. Quería que me reuniera con su madre, porque ella se encuentra en China con su marido y sus dos hijos. Viven allí durante la mitad del año, pero Catherine busca una *nanny** para cuando sus hijos están en París. Geneviève, pues, es la encargada de ver si «cuadra».

Cuando se abren las puertas del ascensor, llego ante la puerta principal del piso. Voy vestida de negro de pies a cabeza y me he puesto unos pendientes de perlas. Bueno, de perlas falsas, de plástico, pero que parecen de verdad. Me he propuesto no cometer ninguna falta de gusto. Llamo al timbre. En ese momento, huiría por patas. Oigo unos pasitos apresurados. Después de dos o tres vueltas de llave en la cerradura y dos cerrojos, la puerta se abre y da paso a una cortina negra, que una mano aparta a toda prisa. Frente a mí, una mujer menuda, de unos sesenta años, vestida de gris y blanco. Le sonrío, la saludo y le tiendo la mano. En lugar de estrechármela, me mira con una expresión ausente y me dirige un pequeño movimiento de cabeza. Me da a entender que la siga. Me dice que me siente en el sofá de un inmenso salón. Espero un minuto que me parece una eternidad. La mujer que me ha abierto regresa con una bande-

* Muchas grandes fortunas emplean el término *nanny* para designar a las mujeres que cuidan a sus hijos. No solo es un símbolo de su internacionalización, sino que también es un gesto de distinción que remite a las *nannies* inglesas, que gozan de un enorme prestigio. Al decir *nanny* en lugar de «niñera» o «canguro», las grandes fortunas demuestran que solo contratan a personas cualificadas.

ja y una taza de té. La deja en la mesilla baja que tengo enfrente y, antes de que pueda darle las gracias por acogerme en su casa para una entrevista, me dice: «La señora vendrá enseguida». Entonces comprendo que esa mujer no es Geneviève, sino su empleada doméstica.

Las sirvientas siguen existiendo

Su criada se llama Jelena. Polaca, de unos sesenta años de edad, es la primera empleada doméstica a tiempo completo que conocí «de carne y hueso». Hasta entonces, solo me había encontrado con criadas en novelas, como la Célestine de Octave Mirbeau, la Adèle de Émile Zola, la gran Nanon de Balzac o la Félicité de Flaubert. Para mí, las criadas solo eran personajes pertenecientes a un pasado lejano o a todas luces ficticios, fruto de la mirada burguesa y de las fantasías masculinas que esos escritores proyectaban en las mujeres de las clases populares. Cuando cobré consciencia del hecho de que Jelena era la criada de Geneviève, se me abrió todo un universo: el del servicio doméstico de las grandes fortunas, al que iba a consagrar una investigación doctoral.

El servicio doméstico está lejos de haber desaparecido y sigue llamándose así, contrariamente a lo que afirmó un periodista de *Le Figaro* en 2018 al comentar la movilización de los «chalecos amarillos»: «Esta prenda de ropa también nos remite al chaleco de los mayordomos y de los lacayos, del "servicio", como se decía hasta mediados del siglo XX. La expresión, que ha caído en desuso, está prohibida por la corrección política, por la misma razón por la cual ahora los "negritos de merengue" se llaman "besos de moza"».[1] Desde luego, el término «servicio» ya no forma parte del lenguaje politizado de las instituciones y las categorías estadísticas: los trabajos a domicilio se denominan «ayuda externa» o «servicio doméstico remunerado», y los trabajadores en cuestión «empleadas del hogar» o «personal de limpieza» (según la nomenclatura del Instituto Nacional de Estadística). Sin embargo, la expresión «el servicio» o la palabra «criada» está en boca de todas las personas acaudaladas con las que me reuní en el transcurso de mi investigación. Pese a que dicha evolución léxica trasluzca ciertas mutaciones contemporáneas de esos servicios, enmascara la persistencia de un servicio doméstico plural, a tiempo completo, en casa de gente muy pudiente. El uso de la expresión no resulta anacrónico ni revela un desconocimiento de las luchas de las empleadas domésticas en todo el mundo por el reconocimiento de su estatuto de trabajadoras.[2] Esa es la única manera de visibilizar aquello que contribuye a que permanezcan en la sombra: el trabajo a domicilio y todas las tareas ligadas al cuidado del *domus* (el hogar, en latín, del que deriva «servicio doméstico») y de sus habitantes.

En su mayoría, el servicio que conocí estaba formado por mujeres.* Estas son polivalentes o bien se han especializado como institutrices, doncellas, cocineras, *nannies* o lavanderas.** Gran parte de esas mujeres tienen entre uno y tres hijos, la mitad de ellas están casadas, las otras son solteras o tienen pareja. Asimismo, a menudo trabajan jun-

* De ahí el uso sistemático del femenino para designarlas en este libro, dado que forman el conjunto de las ochenta y seis empleadas domésticas que conocí. Durante mi investigación, el 72 por ciento del personal doméstico eran mujeres.

** Entre las mujeres del servicio, el 36 por ciento son polivalentes, el 17 por ciento son institutrices y el 33 por ciento son *nannies*, damas de compañía, cocineras o doncellas.

to a hombres que ejercen de mayordomo, de ayuda de cámara, de jefe de cocina o de chófer.* La mayoría de esos hombres no tienen hijos o solo uno, y poco más de la mitad de ellos están solteros. En casa de los ricos, el servicio trabaja a tiempo completo, entre ocho y diez horas diarias, por lo menos, y a menudo muchas más, y se encarga tanto de las tareas domésticas como de otros aspectos de la vida familiar, además de atender peticiones constantes para que cumplan todos sus deseos (o casi). Con escasas excepciones, el servicio doméstico duerme en casa del empleador o bien muy cerca, en el mismo edificio, en la misma finca, el mismo barrio o la misma ciudad. Contratado a tiempo completo, formado por una o más personas en un mismo hogar, el servicio suma varios miles de empleados en Francia. Aunque es imposible contabilizarlo con exactitud (el servicio no siempre se declara, o solo a medias, o bajo epígrafes que no permiten identificarlo con claridad), se trata de un sector profesional que presenta todas las características de un nicho, con sus propias agencias de empleo y sus formaciones de lujo, reservadas exclusivamente para las familias más privilegiadas.**

Esas familias están compuestas por hombres y mujeres que, en su inmensa mayoría, forman parejas heterosexua-

* Entre los hombres del servicio, el 74 por ciento son mayordomos, el 22 por ciento son chóferes y el 4 por ciento son cocineros, ayudas de cámara o polivalentes.

** Una parte de mi investigación se centra en esas agencias y en escuelas de mayordomos de lujo. Participé en cuatro cursos de formación para el servicio doméstico de entre dos y tres semanas cada uno, en Francia, en los Países Bajos, en China y en Sudáfrica, donde compartí la cotidianidad con los demás alumnos. Esta parte de la investigación no se abordará aquí, pero me ha permitido comprender mejor el servicio doméstico de las grandes fortunas y, por tanto, ha contribuido enormemente a los análisis desarrollados en la presente obra.

les y a menudo son padres,* que, todos los días, se dejan servir por otros, en su propia casa, desde la mañana hasta la noche y a veces incluso de madrugada. Las mujeres dan instrucciones al servicio y sus maridos lo remuneran.** Nada más levantarse, esos señores se encuentran el desayuno preparado con esmero, la ropa doblada encima de una silla, a sus hijos repeinados y listos para que la *nannie* o, mejor aún, el chófer los lleve al colegio. Por la noche, cuando vuelven del despacho, del gimnasio, del *spa* o de alguna inauguración, pueden tumbarse en el sofá, darse en un baño caliente o arroparse con el edredón gozando la quietud de una casa que siempre está limpia, ordenada y perfumada, con la nevera llena y los niños profundamente dormidos.

Así, desde hace más de ochenta años, Geneviève, una rica heredera de una vieja dinastía aristocrática, saborea el privilegio de haber sido mimada por criadas como Jelena, siempre a su disposición. De hecho, esta lleva treinta años dedicada a la limpieza, la plancha, las compras, la cocina, la merienda de sus nietos, el aseo de su señora, su rutina de acostarse y de levantarse, e incluso a vestirla. La habitación de Jelena linda con la de Geneviève, de manera que se despierta enseguida si su señora la necesita en plena noche.

* Poco más del 60 por ciento de las grandes fortunas que participaron en esta investigación son mujeres, el 94 por ciento viven en pareja y casi un 95 por ciento tienen uno o varios hijos.

** He decidido reflejar el vínculo financiero de esos hombres ricos con el personal doméstico, oculto por el protagonismo de sus esposas en la gestión de ese trato, por medio del uso deliberado del masculino para designar a los jefes del servicio cuando me refiero al conjunto de los ricos. Esa elección voluntaria no pretende invisibilizar a las señoras, sino recordar que viven en un medio social en el que los hombres, pese a ser los grandes ausentes del trabajo doméstico, controlan, con o sin su colaboración, el capital económico del hogar.

Jelena está soltera. Geneviève, su hija Catherine y sus nietos son su única familia. Siente un gran afecto por todos ellos. Católica ferviente, todos los días da gracias a Dios por haberle concedido ese trabajo, ese techo, a ella que llegó a Francia apenas cumplida la mayoría de edad, sin papeles, sin estudios, sin hablar ni una palabra de francés. Otra polaca a quien conoció en misa la introdujo en los barrios ricos de la capital y le prometió que le encontraría un «buen puesto». Desde entonces, Jelena siempre ha vivido en pisos que bordean el Parc Monceau y el Arco de Triunfo.

A la sombra de las barandillas doradas

Al recorrer las calles de esos barrios, resulta difícil imaginarse que allí también viven sirvientas. Estas tienen la particularidad, entre otras, de permanecer a salvo de las miradas, en el interior de inmensos pisos burgueses y de palacetes particulares de la capital, en viejos castillos de provincias, en villas del sur, en inmensas segundas residencias de todo el mundo donde la gente muy rica, como Geneviève, se va de vacaciones. Como el servicio doméstico trabaja en el silencio y el secreto de un domicilio, es invisible. Y, sin embargo, desde hace mucho tiempo, en el universo hermético de los círculos acaudalados, la riqueza de las «grandes casas» se mide en parte por el número de trabajadores con los que cuenta. En el siglo XIX, en Francia, en los hogares burgueses de media había uno o dos empleados domésticos, tres en casa de los burgueses adinerados, la nobleza provincial contaba con entre cuatro y diez sirvientes y las familias más ricas, varias decenas, incluso varias veintenas de sirvientes.[3] Además de ser un elemento de pompa, que se inscribía en las estrategias de distinción entre familias muy acomodadas, el servicio doméstico se encargaba, sobre todo, del mantenimiento de sus inmensas propiedades.[4]

Sin duda alguna, el hecho de que a lo largo del siglo xx menguara la riqueza de una parte de las familias acaudaladas redujo, por consiguiente, el número de miembros de su servicio doméstico. El aumento del coste de la mano de obra, la modernización de las viviendas, cuyo mantenimiento ya no requería tanta mano de obra, y la aparición de una nueva manera de entender la intimidad, que cuestionaba la costumbre de que el servicio anduviera a sus anchas por la casa, explican esa evolución, así como las críticas de las grandes fortunas a las criadas por su mediocridad e indocilidad.[5] Por su parte, las mujeres de clases populares poco a poco prefirieron ejercer otras profesiones que consideraban menos serviles, gracias a las conquistas del movimiento obrero y al progreso que supuso el acceso de las mujeres a trabajos asalariados. En la actualidad, a raíz de esos cambios sociales, el servicio doméstico a jornada completa resulta aún más exclusivo, en la medida en que contrasta con la figura de la asistenta más habitual a partir de la década de 1950, una mujer de la limpieza que trabaja en distintas casas.[6]

En efecto, el servicio a domicilio contemporáneo acostumbra a ser a tiempo parcial: en Francia, representa más del 5 por ciento del empleo y un hogar de cada ocho recurre a esa clase de servicios, aunque se trata de cifras subestimadas, que no siempre tienen en cuenta la economía informal.[7] Las profesiones que se agrupan bajo esa denominación no representan el 27 por ciento del mercado laboral, como en Arabia Saudí, pero encarnan realidades y figuras semejantes: las de las señoras de la limpieza, las ayudas a domicilio y las personas que cuidan niños a tiempo parcial. Se trata de empleos que las políticas públicas contribuyen a crear, regular y democratizar.[8] En todos los países occidentales, los Estados lo consideran una manera de invertir en el futuro; así, los empleos de servicios personales se conciben como una respuesta a las desigualdades en el reparto de las tareas entre hombres y mujeres, a los problemas de los ancianos y las personas dependientes, o incluso al paro de los asalariados menos cualificados. Se trata de un mercado floreciente: la multiplicación de empresas especializadas en esos servicios, algunas de las cuales has conquistado una parte destacable del mercado, lo demuestran perfectamente. El servicio doméstico de los ricos forma parte de ese mercado de servicios personales que la crisis de la COVID-19 puso de relieve, pero no tiene nada que ver con la inmensa mayoría de los empleos que lo componen.

De vez en cuando, a raíz de algún escándalo público o de algún turbulento asunto de dinero, los sirvientes despiertan la curiosidad de los medios de comunicación, en tanto que testigos de las costumbres anticuadas y folclóricas de las altas esferas de la sociedad, como ocurrió con el mayordomo acusado de haber puesto micrófonos en casa de Liliane Bettencourt.[9] Sin embargo, para el común de los mortales, tanto los sirvientes como las grandes fortunas parecen transitar por un mundo inaccesible, extraño, arcaico y absurdo. Las criadas encarnan la sumisión, mientras que sus señores representan la dominación. El hecho de que vivan bajo el mismo techo, a pesar de proceder de medios sociales opuestos, se antoja imposible. Esa y otras razones explican el éxito de la famosa serie de televisión *Downton Abbey* o de la película *Parásitos*, galardonada con la Palma de Oro y, al año siguiente, con el Óscar a la mejor película.*

* *Downton Abbey*, la serie británica de Julian Fellowes, tuvo un enorme éxito en todo el mundo tras su estreno en 2015; *Parásitos*, la película de

La relación entre señores y sirvientes fascina y horroriza a partes iguales por su ambivalencia, que se debate entre la distancia y la intimidad, entre la armonía y la violencia, entre la lealtad y la rebeldía, tal y como muestra la película *La ceremonia*, de Claude Chabrol, llevándolo al extremo.* Todas esas obras cristalizan el carácter impensable de una «dominación cercana» exacerbada, que contrasta con la evolución de las costumbres y de las leyes que pretenden denunciarla y mantener las distancias sociales.[10] Lejos de los clichés y de las leyendas urbanas, el presente libro se centra en esa promiscuidad estadísticamente excepcional entre individuos situados en las antípodas sociales, a través de una inmersión en el universo —actual y absolutamente real— de las grandes fortunas y de su servicio doméstico.

Una confrontación social en el interior del domicilio

He abordado ese universo profundizando en sus dos vertientes: por una parte, la del servicio doméstico y, por otra, la de los ricos que los emplean. Esa aproximación permite comprender mejor sus respectivos puntos de vista, así como evitar la tendencia de numerosos estudios sociológicos a centrarse exclusivamente en un solo grupo social. He procurado observar y escuchar a las dos partes, además de no «traicionar» la palabra de los investigados, respetando la

---

Bong Joon-Ho, obtuvo la Palma de Oro en Cannes en 2019 y cuatro óscar en 2020, entre ellos a la mejor película, algo extraordinario que no había sucedido desde 1955, con *Marty*, de Delbert Mann.

* *La ceremonia*, la película de Claude Chabrol estrenada originalmente en 1995, está inspirada en una historia real: el crimen que cometieron las hermanas Papin en 1933 contra sus señores.

regla de oro de cualquier etnógrafo, que consiste en «decir sin perjudicar».[11] Por esa razón, no me he reunido con los sirvientes y las grandes fortunas de una misma casa; por el contrario, he formado dos categorías distintas compuestas por personas que no están ligadas por una relación de servicio, algo que no impide que algunas se conozcan, al menos de nombre o de vista. De hecho, las redes de interconexión que estructuran el universo de las grandes fortunas y de su servicio doméstico me han ayudado mucho a conocerlo.*

Con el propósito de acercarme todavía más a las grandes fortunas, he redoblado las observaciones sobre el terreno y las entrevistas largas, a menudo repetidas,** con personas que viven por toda Francia, aunque especialmente en la región de París y la Costa Azul, donde se concentran los ricos. Insistí para que nos reuniéramos en su casa, algo que a menudo les resultaba más práctico. Al adentrarme en su domicilio, tuve acceso a información muy valiosa sobre su nivel y su estilo de vida, su forma de ocupar simbólica y materialmente el espacio, además de su relación con su servicio doméstico. La entrevista siempre empezaba o terminaba con una visita, a veces se prolongaba si me invitaban a comer o si otros miembros del entorno de mi entrevistado se sumaban a la conversación. Algunos encuentros tuvieron lugar en cafés, restaurantes o en el lugar de trabajo

* Con el fin de salvaguardar el anonimato de todos los entrevistados, he cambiado su nombre y su apellido, o bien he suprimido de su perfil algunos detalles irrelevantes que podrían desvelar su identidad.

** He entrevistado a 123 grandes fortunas, que equivalen a 108 domicilios, dado que 15 de esas entrevistas fueron en pareja. Con cada una de esas grandes fortunas mantuve una, dos o (en contados casos) tres conversaciones de al menos dos horas y, a menudo, bastante más tiempo. Con su consentimiento, grabé las entrevistas, que completé con las notas que fui tomando durante la conversación y en otras entrevistas posteriores.

de los ricos. Su «comedor», su «cuartel general» o su «refugio», como los denominan, no tienen desperdicio: me invitaron a cafés de seis euros, a zumos de fruta de casi veinte y a ensaladas de más de cuarenta euros. Algunos entrevistados hasta se disculparon por no llevarme a establecimientos aún más caros y de mayor renombre.

Conviene decir que los ricos que aparecen en la presente obra se cuentan entre los más acaudalados del mundo. Esos multimillonarios, algunos de los cuales incluso son milmillonarios, forman una gran burguesía estratificada en función de su capital, de la antigüedad y del origen de su fortuna. Una parte de ellos ha heredado una riqueza transmitida desde hace varias generaciones, de manera que constituyen una fracción de la aristocracia que sigue siendo muy rica.* Los aristócratas que me concedieron entrevistas poseen varias propiedades en Francia: al menos una residencia en París o la parte este de las afueras de la capital, y otra en alguna región. Esas mujeres y esos hombres acostumbran a ejercer profesiones bastante lucrativas; son abogados, médicos, directores de empresa o altos funcionarios. Mi investigación también incluyó a grandes fortunas contemporáneas que solo son multimillonarios desde hace una generación como máximo, gracias a carreras muy exitosas en el comercio y las finanzas.** Esas nuevas fortunas (de nacionalidad francesa, estadounidense, británica, suiza, rusa o bien con doble nacionalidad) poseen múltiples residencias en Francia y en el extranjero. Se caracterizan por una enorme movilidad internacional, tanto profesional como familiar y turística.[12]

* Cerca del 41 por ciento de las grandes fortunas que conocí proceden de la aristocracia.

** Esos nuevos ricos representan el 59 por ciento de mis entrevistados.

Más allá de sus diferencias, todas esas grandes fortunas tienen en común el hecho de contar con un gran patrimonio, altos ingresos y servicio doméstico. Salvo contadas excepciones, todas son originarias de los llamados países del norte, pertenecientes a las élites «occidentales» y blancas. La parte aristocrática está radicada en Francia, mientras que la otra parte, compuesta por nuevas fortunas, reside entre Francia y el extranjero. Los aristócratas que conocí mantienen vínculos transnacionales con otros miembros de la aristocracia europea y estadounidense, especialmente a través de su trabajo, de matrimonios mixtos en el seno de sus familias o de los círculos mundanos transnacionales. Por su parte, las nuevas fortunas internacionalizadas también participan en los círculos sociales de la burguesía francesa. Así, pues, las antiguas y las nuevas fortunas conviven en espacios sociales nacionales y transnacionales, cuya articulación, favorecida por matrimonios dentro de la misma clase social, en su mayoría, da lugar a prácticas y a representaciones comunes que refuerzan el poder que ejercen como clase dominante relativamente unificada.[13]

Frente a ella, se encuentran las sirvientas, que constituyen las otras protagonistas de mi investigación. En su mayoría, las conocí en casa de sus señores,* algo que me permitió entrever el universo de las grandes fortunas desde el punto de vista de las personas que residen allí sin sentirse del todo en casa. Las huellas de su presencia resultan prácticamente invisibles en los salones y las terrazas: uniformes de trabajo, trapos, productos de limpieza, radios portátiles, brazaletes, llaveros, libritos de rezos o algún que otro col-

* Más allá de las entrevistas grabadas, pasé bastante tiempo con el servicio doméstico e incluso mantuve el contacto de manera digital, cosa que me ayudó a ganarme su confianza.

gante en una repisa o un estante conviven tímidamente con el mármol, los dorados, los cuadros y los jarrones de pie de cristal de los ricos. Pese a esos indicios, las sirvientas parecen ausentes, salvo cuando te adentras en las cocinas, los cuartitos o los sótanos que conocen mejor que sus empleadores; o si vas a sus cuartuchos, donde pueden mantener largas conversaciones sin temor a ser escuchadas, o su estudio o incluso su casa, en el caso de las escasas sirvientas que tienen una propia.

Al contarme su trayectoria y su vida cotidiana, me desvelaron su propio mundo: los objetos que les recuerdan su país de origen, las fotografías de sus maridos y sus hijos, a quienes dejaron allí, los montones de ropa que deben lavar, sus neceseres de maquillaje, que casi nunca usan, sus revistas, que apenas han abierto. En algunos casos conocí a sus hijos y a sus parejas, que también me hablaban de los «señores» con una mezcla de agradecimiento y de amargura. De vez en cuando, hacía la compra con ellas, las acompañaba a la iglesia o hasta la puerta de la mezquita, al colegio, al parque o a comedores sociales del barrio, en momentos tan intensos como breves, dado que las sirvientas casi no tienen tiempo para sí mismas. A pesar de que algunas de ellas tratan de conservar los vínculos familiares y de amistad más allá de los muros dorados del universo de las grandes fortunas, resulta muy complicado. Muchas sirvientas llegaron en sucesivas oleadas migratorias, la mayoría no cuentan con una formación reglada, proceden de las clases populares y se desviven por encontrar un puesto de trabajo estable. Sin embargo, el servicio doméstico de los ricos tiene la particularidad de que es muy numeroso y está sumamente jerarquizado. De ahí que se encuentren perfiles menos habituales en otros empleos de servicios a domicilio: conocí a sirvientas blancas, a hombres, a personas con estudios que habían trabajado en puestos fijos en la restauración, la hostelería, el sector del lujo o la gestión. Sociológicamente, existe una gran brecha social entre los señores y el servicio doméstico, pero también entre el servicio doméstico mismo, habida cuenta de que su experiencia está marcada por una soledad y una división que contrastan con el modo en que los ricos forman un colectivo unido y seguro de sí mismo.

Comprendí mejor las jerarquías y las relaciones de dominación que se establecen entre los señores y las sirvientas, así como dentro del servicio doméstico, en la medida en que accedí al lugar donde se desarrollaban: el domicilio de las grandes fortunas. Además de tomar nota de todos los indicios significativos que distinguía en el transcurso de las entrevistas, profundicé en mi investigación a través de dos experiencias laborales como *nanny* y como ayudante de cocina a tiempo parcial, dando apoyo a un equipo de personal a tiempo completo. En efecto, la observación participante permite identificar detalles significativos y dinámicas en las relaciones que resultan imposibles de percibir desde fuera, como demuestran las investigaciones de la socióloga Christelle Avril sobre la ayuda a domicilio que reciben las personas dependientes.[14]

La primera familia a la que serví fue la de Catherine, la hija de Geneviève, que me llamó por teléfono dos días después de la entrevista con la que he empezado el libro para confirmarme que iba a contratarme. Trabajé para ella en París durante un año, junto con cinco sirvientas, durante varias horas todas las tardes, cuando los niños volvían del colegio. Además, fui con mis empleadores a su residencia de verano en China, durante dos meses de verano, en los que trabajé a tiempo completo, como *au pair*, junto con seis sirvientas que viven allí. Posteriormente, trabajé para otra familia, la de Margaret, Philippe y sus cuatro hijos, durante cuatro meses, varias horas diarias y durante algunos fines de semana, con dos sirvientas. Me encargaba de los deberes de los niños, de una parte de su colada, de acompañarlos en las salidas y de la cena familiar. Mi experiencia anterior como canguro de niños de todas las edades, como animadora de fiestas de cumpleaños y monitora de campamentos de verano, así como mi afición por la cocina, el deporte y las manualidades me ayudaron mucho a llevar a cabo esas tareas. En cambio, nunca había trabajado en equipo en el domicilio de mis empleadores, por lo que tuve que aprender a marchas forzadas las reglas que rigen las relaciones que precisamente andaba yo investigando.

Esa inmersión me dio acceso a comentarios, interacciones, tensiones y emociones que no se expresan en una entrevista. A pesar de mi condición ligeramente distinta de empleada-estudiante a tiempo parcial, me di cuenta de que el trabajo en equipo genera tantos conflictos como solidaridad. Observé las numerosas ambivalencias que caracterizan la relación de servicio entre los ricos y su servicio doméstico. Desde luego, la convivencia estrecha se ve interrumpida por el trabajo, los viajes, los desplazamientos profesionales y el ocio de las grandes fortunas, pero no por eso deja de ser continua en un espacio, el del domicilio, que se define por la intimidad, el secreto, la entrega y las relaciones «pretendidamente» desinteresadas.[15] De ahí que el servicio doméstico cree una situación en la que la relación salarial se impone en un ámbito donde *a priori* no se espera, a diferencia de un trabajo en una oficina, una fábrica o una tienda, por ejemplo. Observé hasta qué punto, para que esa relación funcione, los ricos lo convierten en un asunto colectivo, que atañe a toda la familia, pero también a la red de amistades, los vecinos y a menudo los comerciantes cercanos, con el fin de seleccionar quién puede penetrar en la intimidad de su hogar.

La mecánica de la «explotación dorada»

Las grandes fortunas están acostumbradas a tener a su servicio a numerosos empleados, a los que meten en el mismo saco. Recuerdo que, durante una entrevista en su despacho, el presidente ejecutivo de una empresa me habló de «[su] personal», formado por los obreros que restauraban su castillo en el campo, su mayordoma, los empleados del grupo financiero que estaban a sus órdenes, la portera de su edificio e incluso el fontanero al que solía llamar en caso de necesidad. Las grandes fortunas se consideran los verdaderos patrones de la sociedad, tal y como han demostrado numerosas investigaciones sobre el terreno.[16] Su enorme poder financiero explica que el abanico de servicios pueda extenderse considerablemente y, en este sentido, a su juicio el servicio doméstico constituye una parte de esa clase social servil más amplia a la que pueden exigir un sinfín de tareas. Eso sí, los ricos intentan cultivar una imagen de «buenos jefes», sin dejar de tener a su servicio a quienes quieren y cuando quieren.

Esta obra demuestra que el principal mecanismo que impulsa el servicio doméstico es lo que denomino la «explotación dorada». El término designa la lógica de sobrepuja que consiste en comprar, a un precio muy alto, la dedicación ilimitada al trabajo por parte de las sirvientas, una especie de «superpaternalismo» en gran parte inédito en épocas anteriores. En efecto, a cambio de que les sirvan, las grandes fortunas conceden a sus sirvientas un sueldo, una vivienda y se hacen cargo de varios gastos. Las ventajas económicas y en especie pueden ser considerables: sueldos de ocho mil euros, incentivos de varios centenares de euros, bolsos Chanel y zapatos Louboutin, relojes de lujo, visitas médicas con los mejores especialistas, matrícula en una escuela privada para sus hijos... Cuanto más trabajan y más dóciles se muestran las sirvientas, más compensaciones obtienen, hasta tal punto que, comparadas con otras trabajadoras, las sirvientas pueden parecer afortunadas en lo material. Sobre todo, teniendo en cuenta que, para la mayoría de ellas, el servicio doméstico constituye una alternativa al paro, a la pobreza extrema, al racismo y al sexismo estructurales. Trabajando en casas de ricos, esas sirvientas acceden a algo impensable en cualquier otro lugar. A fin de cuentas, ¿no es mejor servir a ricos que ser obrera en una fábrica, cajera en un supermercado, camarera o recepcionista? La inmensa mayoría de puestos de servicio doméstico o de limpieza, sean a domicilio, en empresas o en espacios públicos, tienen unas condiciones de trabajo míseras y una imagen mediocre: sueldos muy bajos, mucho tiempo de transporte no remunerado, fatiga física, riesgos para la salud y escaso reconocimiento político.[17] Por poner un ejemplo, las mujeres que François Ruffin y Gilles Perret llevaron a la pantalla en el documental *Debout les femmes!*, estrenado en 2021, tienen unas condiciones laborales muy distintas a la «explotación dorada» de las sirvientas de las grandes fortunas.

La convivencia entre el servicio doméstico y los señores, pues, puede parecer provechosa para todo el mundo. ¿Acaso sus atenciones recíprocas, su comprensión mutua y los años que han pasado juntos demuestran que es posible una coexistencia pacífica entre dominadores y dominadas, al margen de cualquier institución reguladora, tan beneficiosa para los unos como para las otras? Aparentemente, las sirvientas viven en un mundo aparte, junto a los ricos, con quienes comparten una especie de ecosistema perfecto. Sin embargo, detrás de su máscara dorada, la explotación bate récords. Se oculta con pequeños acuerdos y compensaciones materiales que no siempre resultan beneficiosos para todas las sirvientas, dado que se basan en el valor subjetivo que les atribuyen los ricos. Asimismo, la explotación consiste en una entrega ilimitada al trabajo que revela la violencia que ejercen aquellos cuyo dinero legitima su poder.

Los mecanismos de explotación que aplican los ricos se sustentan en una contradicción que se analizará a lo largo de todo el libro: pese a que las grandes fortunas brindan a sus sirvientas la posibilidad de ascender socialmente, a veces de manera fulgurante, al mismo tiempo mantienen a cualquier precio el orden social, así como las jerarquías de género y de raza que estructuran el conjunto de la sociedad. El comportamiento de los ricos en el interior de sus casas no es sino un reflejo del sistema liberal y capitalista contemporáneo que enmascara las desigualdades sociales, raciales y sexuales bajo la apariencia de un éxito y una libertad ilusorias. Si los ricos están dispuestos a invertir tantísimo financiera, material y emocionalmente en el servicio doméstico, es porque este constituye uno de los fundamentos de la reproducción de un sistema en el que casi siempre tienen la certeza de salir ganando.

Con su dinero, las grandes fortunas compran el derecho a ejercer la dominación en su casa, sin distancia, sin pausa, modelando el cuerpo y el espíritu de sus sirvientas con el pretexto de que son miembros de su familia como los demás y, por tanto, están sujetas a unas jerarquías de poder intrafamiliares. Ese derecho a ejercer la dominación en la intimidad todavía es más fuerte en la medida en que no es un fin en sí mismo ni un asunto individual, como atestigua la vastedad de las redes de interconexión a las que se acude para encontrar a las mejores sirvientas. De hecho, ese derecho es una de las bases del poder económico y político de los ricos, cuyo número —conviene recordarlo— no deja de aumentar.[18] Sin embargo, se verá que la explotación dorada nunca es absoluta ni carente de escapatoria. A través del servicio doméstico, el presente libro indaga en las condiciones de la estabilidad, pero también en la labilidad de las fronteras sociales, que no se reducen únicamente a una cuestión de desigualdad, injusta o merecida.

¿Un universo de fácil acceso?

Los señores y las sirvientas acostumbran a pintar un panorama muy plano de su relación y del servicio doméstico en general. Por otra parte, a menudo las personas que desean incorporarse al servicio de los ricos, con la esperanza de hacer carrera y de prosperar, alimentan esperanzas dignas de una novela rosa, en la que solo hay «ganadores». Nada más lejos de los crímenes pasionales y de las violentas venganzas sociales que aparecen en la novela *Canción dulce*, de Leïla Slimani,[19] en la pieza de teatro *Las criadas*, de Jean Genet,[20] o en las películas *La ceremonia* o *Parásitos*. En todas esas obras, las sirvientas acaban matando a sus señores o a los hijos de estos, en un acto violento que cristaliza su rencor y expresa una venganza social.[21] Ni rastro de asuntos de esta índole en el terreno que recorrí: tanto lo que me cuentan como lo que me enseñan, tanto lo que observo como lo que escucho parece excluir la violencia y el resentimiento. En las declaraciones de las criadas y de los multimillonarios que las emplean, se repiten incesantemente hermosas historias sobre todo lo que comparten señores y sirvientas, sobre carreras de éxito, pobreza transformada en riqueza y sueños cumplidos.

Antes de adentrarme sobre el terreno, supuse que tendría que enfrentarme a muchos más obstáculos o acritudes. ¿Acaso los ricos aceptarían hablar de sus sirvientes con una joven socióloga que llamaba a su puerta? ¿Acaso el servicio me introduciría en las casas donde trabajaba? Desde luego, parecía bastante improbable. Los ricos son conocidos por el hecho de privatizar sus espacios, por controlar quién accede a ellos, por seleccionar a quién conceden el privilegio de penetrar en su interior.[22] La casa, como todo aquello ligado a la familia, atañe a la intimidad, al secreto, por lo que temía que me impidieran acceder a ella. Por otra parte, preveía la suspicacia de los patrones y la incomprensión del servicio doméstico respecto a mi investigación. Pensaba que los primeros sospecharían que pretendía controlar y juzgar el trato y las condiciones de trabajo de las criadas, mientras que las segundas tendrían miedo de que transmitiera sus declaraciones a sus jefes. A mi juicio, el servicio doméstico era un tema potencialmente tabú y polémico.

Al final, todos acogieron «bastante» bien mi investigación. Digo «bastante», porque en el momento de ponerme en contacto con ellos, algunos señores dieron por supuesto que tenía una opinión negativa sobre sus prácticas. «¿Sabe usted? Aquí todo va de maravilla, ¡no hay ningún criado maltratado!» «¿Su trabajo es para que la ley sea todavía más restrictiva?» «Si pretende hacer lo mismo que esos sociólogos comunistas [Monique y Michel Pinçon-Charlot] que nos critican, ¡no, gracias!» Cuando me enfrentaba a esa clase de ideas, tranquilizaba a mis interlocutores subrayando el hecho de que mi investigación consiste en descubrir y comprender su relación con el servicio doméstico, no en juzgarlo. Frente a algunos patrones aristócratas que de entrada se mostraron bastante escépticos, mencioné mi interés por la dimensión histórica del servicio doméstico. Así logré convencer a los menos entusiastas, aunque no insistí con los que fueron muy agresivos por teléfono o ignoraron mis peticiones. Por parte de las sirvientas, no contestarme era su manera de expresar su rechazo a reunirse conmigo. Si me contestaban, era para decirme que estaban dispuestas a hablar de su experiencia, con la condición de que fuera de manera anónima y de que no contara nada a sus señores.*

Por esas razones, de orden ético, fundamentalmente, jamás entrevisté a binomios de señores y sirvientas. A pesar de que una parte de mis solicitudes no obtuvieron respuesta y de que algunas entrevistas no llegaron a realizarse, acabé introduciéndome en el universo de los ricos y de su servicio doméstico a través del boca-oreja y me moví por él a mis anchas. Cometí errores y torpezas. Por ejemplo, envié el mismo correo electrónico solicitando una entrevista a varios aristócratas sin dirigirme a cada uno de ellos en particular por su título nobiliario y su apellido. Una metedura de pata: esos miembros o esas esposas de miembros del Jockey Club, un círculo aristocrático muy antiguo y exclusivo,[23] comentaron mis peticiones de entrevistas y se indignaron por algo que les pareció una verdadera falta de respeto. El hecho de que simplemente hubiera escrito «señora» o «señor» para dirigirme a ellos casi me enemistó con esos contactos valiosísimos que me había procurado la directora de *Bottin mondain* con el propósito de ayudarme a abordar el círculo aris-

* El mayor temor del servicio doméstico era que lo traicionara revelando sus quejas y sus críticas, así como las interioridades de los ricos. Para disipar ese miedo y evitar cualquier inhibición, prometí a todas las personas que entrevisté que no diría nada a sus jefes y que recogería sus declaraciones de tal manera que nadie pudiera identificarlas. Con las grandes fortunas hice el mismo pacto de confidencialidad.

tocrático.[24] Fue ella —y no mi carta de disculpa— quien deshizo el entuerto. Con las sirvientas también me equivoqué en varias ocasiones. Como me incomodaba permanecer sentada tomando notas mientras ellas me contaban cosas sin dejar de limpiar o de cocinar, les ofrecía ayuda insistentemente y me quedaba de pie. Hasta que, un día, una de ellas me paró los pies, ordenándome que me quedara sentada escuchándola y que la dejara servirme un chocolate caliente. Me avergoncé tremendamente de haber pensado que el hecho de mostrarme «activa» me permitiría que la relación surgida de la entrevista fuera menos asimétrica. Tras aquel episodio, me dejé guiar por las sirvientas, al comprender que mi rechazo a ser tratada como una invitada podía percibirse como una forma de desprecio. Poco a poco, gracias a esos reajustes constantes, logré transitar entre las clases sociales.

El ejercicio de la sociología requiere negociar y desbloquear el acceso a terrenos de investigación delicados a medida que uno comprende los códigos y las lógicas que rigen la manera de relacionarse allí. La forma de emplear la propia trayectoria y las características sociales de uno mismo tiene una gran influencia en el principio y el desarrollo de la investigación. Como no procedo de las clases populares ni de la burguesía intelectual o acaudalada, pertenezco a la categoría algo cajón de sastre de la «clase media». Crecí al norte de París, en las afueras, en la parte sur del valle del Oise, entre varias ciudades en las que se entremezclan barrios de casas unifamiliares, bloques de viviendas, grandes zonas industriales, bosques y campos.[25] Mis padres son propietarios de una casa y ejercen profesiones «intermedias» en el sector paramédico: mi madre es enfermera en el extrarradio parisino y mi padre kinesiólogo por cuenta propia, en el distrito XVIII de París. Acudí a la escuela pública, donde traté por igual con hijos de obreros y de médicos, con hijos de inmigrantes y niños sin historia migratoria familiar, con niños blancos y negros, niños musulmanes, judíos, budistas, testigos de Jehová, católicos y ateos. También estuve inmersa en esa diversidad social, cultural y religiosa fuera de la escuela, con los amigos de mis padres, entre los que había albañiles, mecánicos, señoras de la limpieza de origen portugués, italiano y español, así como camioneros, enfermeras, comerciales y algún que otro diseñador industrial o médico francés, no inmigrante. El hecho de ser una chica blanca, nacida en una familia sin religión, sin ideología política, sin un carácter reivindicativo, me despertó la curiosidad por los demás, a quienes siempre encontraba extraordinarios.

En casa, teníamos algunas novelas policíacas, las novelas clásicas que nos exigían en el colegio, programas televisivos, muchas muñecas Barbie, una mecedora grande y bastante material deportivo. Aunque mis padres no dominan la cultura legítima, siempre han demostrado curiosidad y «buena voluntad cultural».[26] Con mi hermana, que en la actualidad es educadora especial, debíamos ver el informativo de las ocho para «cultivarnos», éramos suscriptoras de varias revistas infantiles y a veces íbamos a París para visitar algún museo. Como mi padre se ganaba bien la vida, podíamos realizar muchas actividades extraescolares, viajar a lugares lejanos toda la familia o ir a restaurantes. En casa, la escuela se consideraba un lugar donde aprender la cultura legítima, el deporte una manera de «superarse»[27] y las artes plásticas, un rato para «relajarse». Mis padres habían invertido en dos estudios en el distrito XIII de París, que mi hermana y yo ocupamos durante la carrera universitaria. Anteriormente, para evitar el instituto público que nos tocaba, que tenía mala fama, me apuntaron a uno concertado conocido por su exigencia.

En aquel instituto del valle del Oise, había otros chicos «como yo», que venían de colegios públicos y de familias de un entorno intermedio, pero también había chicos que me parecían «verdaderos» burgueses. Me asombró que allí absolutamente todos los alumnos y los profesores fueran blancos. Descubrí que la escuela era cómplice de la segregación racial. Otra cosa que me dejó atónita fue el hecho de conocer a hijos de la aristocracia arruinada. Me hice muy amiga de una chica —la menor de cinco hermanos— cuyo padre era oficial del ejército y cuya madre era ama de casa, que trataba de usted a sus padres. Me enseñó que la palabra *rallye* no significa *rally*, sino «velada», «fiesta», y me mostró los vestidos de manga larga que se ponía en esas ocasiones. Aquellas amistades del instituto, así como las que entablé posteriormente en la Escuela Normal Superior de París y en la facultad de Ciencias Políticas con la burguesía cultural, me enseñaron a manejar los diferentes códigos sociales. Durante mis estudios universitarios de ciencias sociales, me pasaba horas leyendo, escribiendo y aprendiendo, y, en paralelo, trabajaba de niñera en el distrito XVI de París, en casa de una familia acomodada que empleaba a varios criados a tiempo completo. Fue allí donde descubrí la existencia del servicio doméstico. Cuando conté a mis padres cómo vivía aquella familia, me enteré de que una amiga suya era chica para todo en casa de unos ricos. Al cabo de unos años, precisamente ella fue una de las personas que me abrió las puertas del servicio doméstico.

Aquel viaje entre París y la periferia, entre mi familia, mis amigos de infancia y mis círculos sociales de estudiante y profesionales, me obligó a adaptar constantemente mi manera de ser, de mostrarme, de pensar, de hablar, de comportarme. Eso contribuyó en gran medida a mis investigaciones sociológicas, dado que me ayudó a desenvolverme en extremos opuestos del espacio social. Para «impresionar» a los dominantes,[28] recurría a mis títulos universitarios y al hecho de ser francesa y blanca; además, cultivaba la discreción característica del papel social de las mujeres de su clase, algo que me facilitaba mi género,[29] desde luego. Por el contrario, con las sirvientas no hacía gala de mis títulos académicos, sino que compartía con ellas historias de amigas de mi familia que eran señoras de la limpieza, mi experiencia como niñera, y adoptaba una actitud y un lenguaje relajados, como cuando vuelvo a la periferia, aunque no sea del todo consciente de ello. Pese a que mi estatus social y mis «orígenes franceses» me alejaban de ellas, me sentía cómoda en su presencia porque me sentía más próxima a ellas. Nos tuteábamos, nos reíamos, ellas lloraban y yo las escuchaba, conmovida por sus palabras, a las que daba vueltas por la noche. Con algunas empleadas domésticas trabé una complicidad que ha perdurado. En el fondo, compartíamos el hecho de viajar por distintos universos sociales. En casa de los ricos, me mimaban y me alababan por mi carrera académica, pero me daba la impresión de que en cualquier momento me reprocharían mi impostura: burlándose de mi forma de tomar el café, al descubrir que mis conocimientos sobre la historia de Francia eran incompletos, al examinarme de pies a cabeza para adivinar la marca de mi ropa (carente de marca). Tanto frente a las antiguas fortunas como frente a las nuevas, me sentía abrumada y fascinada a partes iguales por su riqueza, su cultura, su patrimonio, su poder económico y simbólico. Sin dejar de mostrarse atentos e interesados por mi investigación, los ricos me daban a entender perfectamente que ellos estaban «por encima». De hecho, no llegué a crear ningún vínculo con ellos.

Por supuesto, las competencias y las características de los sociólogos no lo explican todo. Si los señores y los sirvientes me acogieron tan bien, es porque tenían cosas que contarme y enseñarme. Para ellos, mi interés por el servicio doméstico era una gran oportunidad para presentarme todas sus ventajas y su lado positivo. El hecho de vivir en el paraíso, tener una buena carrera profesional, contar con el respaldo de los ricos y formar parte de su familia contradice un prejuicio muy arraigado: que las criadas son miserables, maltratadas y manipuladas por sus señores, y que el servicio doméstico resulta arcaico. Tanto los patrones como las sirvientas se posicionaron en contra de ese prejuicio con el que se enfrentan a veces. Parecían cerrar filas con el fin de idealizar sus relaciones y defender su complementariedad. A su modo de ver, el éxito social de los ricos depende de los sirvientes y el de los sirvientes depende de los ricos. Paradójicamente, eso refuerza otro cliché según el cual los sirvientes son un reflejo de sus señores, como si compartieran plenamente todos sus pensamientos y valores, como el mayordomo Stevens, el protagonista de *Los restos del día*, de Kazuo Ishiguro.[30] En esa novela, Stevens jamás se atreve a contradecir las ideas de su señor, Lord Darlington, hasta el punto de echar a dos criadas judías en vísperas de la Segunda Guerra Mundial, acatando sus órdenes. Pese a la conmoción que siente y a las críticas de Miss Kenton, la mayordoma que trabaja codo a codo con él, nunca llega a revelar su postura ante su señor.

El silencio de los criados, pues, forma parte del pacto que sellan con sus patrones. Contribuye a mantener el misterio en torno a los privilegios de los ricos y a su forma de vivir. La investigación sociológica precisamente sirve para romper ese silencio sobre la dominación cercana[31] entre señores y sirvientes, dando paso a la intimidad de las magníficas casas de los barrios de lujo.

I

El sueño de las sirvientas

«¿Me ve bien? ¡Hace tanto sol!» En la pantalla del ordenador, me cuesta distinguir el rostro de Marius, que intenta orientar mejor su *smartphone* para que pueda verlo. En realidad, desde el comienzo de nuestra videollamada por Skype, mi mirada no deja de escrutar el paisaje que lo rodea. Un sol radiante, desde luego, pero sobre todo palmeras, una sombrilla de colores y, a lo lejos, el mar. Y no cualquiera: unas aguas turquesas que bañan una playa de arena clara. «¡Qué buen tiempo hace allí!», le digo en inglés, que es su lengua de trabajo. Cuando por fin consigue instalarse debajo de la sombrilla, Marius me observa y comenta, con cierta ironía, que llevo un forro polar, mientras que él viste una simple camiseta. «¡Así es el mes de diciembre en las islas Seychelles!», bromea.

Hace más de diez años que Marius no pasa un mes de diciembre frío, con lluvia o nieve. Se ha acostumbrado a los inviernos a más de 25 grados y a que la decoración navideña cuelgue de la barandilla de las piscinas al aire libre, donde le gusta tomarse un champán «realmente caro». Nueva Caledonia, Isla Mauricio o San Bartolomé son algunos de sus últimos destinos. «Las Seychelles no están mal, pero no son mis islas favoritas», confiesa, demostrando que es un gran conocedor de esos destinos. «A fuerza de vivir en el paraíso, ¡te vuelves muy exigente!»

¿Quién se cree a un sirviente que dice que vive en el paraíso? Marius no exagera en absoluto. Como inmigrante rumano pobre, que llegó a Francia a los dieciocho años, hijo de un dependiente y de un ama de casa, jamás se hubiera imaginado que a los cincuenta y cinco años pasaría la Navidad bañándose en el océano Índico. Jamás se hubiera imaginado ese paraíso cuando encadenaba trabajillos mal pagados en obras, mandaba sus escasos ahorros a su mujer y dormía debajo de un puente en España, atenazado por el miedo a ser deportado a Rumanía en cualquier momento. La primera vez que vio el mar, apenas pudo acercarse al agua. Fue en Creta. Tenía veintitrés años y trabajaba todos los días, sin descanso, en la construcción de un hotel de lujo. En aquella época, comer, tener un techo y poder asearse le parecía un verdadero privilegio, a pesar del agotamiento, de cobrar un sueldo misérrimo y de la falta de perspectivas laborales. Ahora que ha cumplido ese sueño, se ríe de haber fantaseado tanto con bañarse en las piscinas que construía con sus propias manos. Cada mañana, Marius se zambulle en una piscina o en el océano Índico. Como gana 12.000 euros al mes, a veces hasta 16.000 con incentivos, de vez en cuando se da el placer de tomarse una botella de champán cuyo precio supera el sueldo mínimo interprofesional. Mientras me habla de su trayectoria profesional y de su vida actual, no deja de mostrar admiración y agradecimiento por su patrón, un acaudalado director ejecutivo del CAC 40 a quien acompaña a todas partes. Como asistente suyo, Marius organiza todos sus desplazamientos, gestiona su agenda profesional y personal, y dirige a un equipo de sirvientes. En cierto modo, ambos tienen algo en común: la sensación de haber triunfado en la vida.

El panorama que pinta Marius durante nuestra primera entrevista virtual se asemeja al de otras conversaciones que mantuve a lo largo de mi investigación. Algunos sirvientes protagonizan un ascenso social parecido y también llevan una vida lujosa. Pese a su singularidad, esas historias reflejan el carácter azaroso y salvífico que tiene para ellos el hecho de introducirse en el universo de los ricos. Esos hombres y esas mujeres se consideran afortunados de ser sirvientes, describen su cotidianidad como algo maravilloso y muy atractivo, algo que explica, en parte, su devoción por su trabajo.

Vivir en el paraíso

En todas mis entrevistas, el servicio doméstico no dejó de pronunciar las palabras «paraíso», «maravilloso», «increíble», «sueño» e incluso «suerte». No es de extrañar. Frente a los sociólogos, mucha gente se muestra de manera positiva y procura no compartir nada que pueda empañar esa impresión.[1] Esa manera de presentarse pretende «salvar las apariencias» y, al mismo tiempo, no incomodar a los interlocutores, con el propósito de no arruinar la interacción que se está produciendo. Para las sirvientas, esa postura es una forma de ordenar y de dar sentido a una vida heterogénea, al decantarse por una actitud positiva que las ayuda a hacer de la necesidad virtud.[2] Sin embargo, la insistencia con la que las sirvientas idealizan su vida y su trayectoria resulta muy llamativa. No se reduce a un simple discurso de cara a la galería. Al principio de mi investigación, dudaba entre dos interpretaciones: o bien tienen mucho que ocultar o bien viven en el «paraíso», efectivamente. La respuesta es ambivalente.

Ese paraíso es, en primer lugar, geográfico. Como sirven a familias que viajan muy regularmente por trabajo y por ocio, las sirvientas se desplazan varias veces al año por diferentes países, ciudades y culturas. Aquellas que, como Marius, sirven a empleadores cuya fortuna es reciente incluso emprenden viajes intercontinentales. Esos patrones, que ejercen de corredores de bolsa, de banqueros de negocios, de directores ejecutivos, de directivos, de magistrados o de marchantes de arte, llevan una vida muy cosmopolita: viven entre Francia y otro país europeo o americano, y poseen varias propiedades en distintos lugares del mundo, a menudo en la costa o en islas. Los más ricos de entre ellos, multimillonarios o milmillonarios, tienen una o varias sirvientas contratadas a tiempo completo en cada una de sus casas. Es el caso del señor de Marius: cuenta con tres sirvientas en su piso de Nueva York, cinco en su casa de la Costa Azul y trece en la de las Seychelles. Una vez al año, durante las fiestas navideñas, todo su servicio doméstico se reúne en las islas Seychelles. Entonces las sirvientas descubren los lugares de los que se apropian y privatizan los ricos, de la manera más exclusiva. Sin dejar de estar a su servicio, las criadas tienen el privilegio de introducirse en esos enclaves lujosos, convertidos en bastiones de las familias multimillonarias internacionalizadas.[3]

Vivir en el paraíso también significa, para las sirvientas, tratar a diario con personas que consideran por encima de ellas. La superioridad de sus señores se debe a varias razones: su riqueza, su posición social y profesional, así como la posibilidad —si fuera necesario— de vivir de sus rentas y de su herencia sin necesidad de trabajar. Pero también, en un sentido más amplio, a la autoridad que desprenden su estatus y sus gustos. En estos dos elementos hace hincapié Fatou, una francesa de treinta y seis años, casada con un mecánico y madre de cinco hijos, nacida en Mali, hija de un pequeño comerciante y de un ama de casa muy humildes, que llegó a Francia a los trece años. Cuidadora a domicilio titulada, hoy en día trabaja como «chica para todo» en una casa de postín situada al oeste de París, donde me reúno con ella.

—Pronto hará un año que trabajo para ellos, pero es verdad que... todavía me cuesta hacerme a la idea de que trabajo para gente tan importante, que tiene dinero, quiero decir, y títulos.

—*¿Títulos?*

—Sí, son de la nobleza, sí. Hay un conde, ¿sabes?, a veces se hace llamar «señor conde» y su mujer, «señora condesa». Aunque no lo parece, bueno, sí, tienen una casa grande, [...] pero dentro no es... yo pensaba que estaría llena de... no sé [*se ríe*], de oro y de... cosas de ricos, ¿sabes? Pero en realidad es muy sencilla. Es... ¿cómo decirlo?, un estilo clásico, sí. Pero un estilo clásico caro. Muy caro, me di cuenta enseguida, porque la señora me decía que los objetos eran muy preciosos y que no se me podían romper, y luego busqué esas cosas en internet, por curiosidad, y vi que algunas eran muy caras. Y también tienen cosas raras, que no se encuentran en ninguna otra parte. Por ejemplo, tienen objetos de plata de... de la época de... de hace muchísimo tiempo y, además, con sus iniciales grabadas. Eso demuestra que, realmente, es una gran familia. Bueno, para mí, es impresionante. Me intimida un poco.

La entrevista con Fatou tiene lugar en el salón de la casa de sus señores, que pertenecen a la nobleza francesa. Apenas lleva un año a su servicio, de ahí la mezcla de fascinación y de temor que confiesa sentir. Ese día, solo me muestra el salón y la cocina. Como no puede recibirme en el pequeño apartamento donde viven sus hijos y su marido, me propone reunirnos en casa de sus señores, aprovechando su ausencia, con la condición de que permanezcamos en el salón y de que no divulgue su dirección ni su identidad. Encontrar un lugar y un horario adecuados para conversar con las sirvientas no es nada fácil. Todas ellas trabajan muchísimo. Como Fatou, tres cuartas partes de las sirvientas a las que entrevisto se alojan en una habitación en casa de sus patrones, disponen de un pequeño estudio en su propiedad o viven en una calle muy cercana. Esa proximidad con sus empleadores reduce considerablemente el tiempo libre de las criadas. Eso sí, me permite ganar tiempo para la entrevista, dado que las sirvientas siempre están en el mismo lugar, tanto de día como de noche. Para mí, es ideal: al reunirme con ellas en casa de sus señores, accedo a su lugar de trabajo, al espacio donde se desarrolla su vida y la de las grandes fortunas. Insisto en mantener la reunión allí, aunque no siempre consigo convencerlas de que la entrevista sea *in situ*. Mi objetivo no es ponerlas en una situación difícil con sus patrones. Las sirvientas más reticentes me proponen charlar en un parque, en los bancos de una iglesia o por teléfono. Aquellas cuya confianza me he ganado me abren las puertas de la casa de sus señores cuando estos no están. Algunas les piden permiso para recibirme, como Fatou. Otras, más confiadas, con mucha experiencia y que llevan años trabajando para los mismos patrones, no les dicen nada. En cualquier caso, siempre son las sirvientas las que marcan sus límites; por mi parte, respeto el secreto de las casas a las que me invitan y observo cómo se sienten ellas durante la entrevista. Mientras conversamos, Fatou se disculpa varias veces por no poder enseñarme toda la casa. Tras dos doras y media de charla, no insisto. Sus señores volverán dentro de una hora y ella debe reanudar el trabajo y recobrar la calma tras las emociones que la han asaltado al reflexionar sobre su cotidianidad.

A diferencia del patrón de Marius, los de Fatou heredaron una fortuna amasada a lo largo de varias generaciones, que les permite mantener un gran castillo. Nuestra entrevista estuvo presidida por una vieja litografía del castillo, colgada encima de nuestras cabezas, en medio de una galería de retratos de los antepasados de su señor. «A veces me siento como si estuviera en el Louvre», susurra Fatou, bromeando.

Aunque no parece ser consciente de ello, sus palabras revelan que ya se ha apropiado de ese pequeño museo privado: la expresión «buena familia» procede del lenguaje aristocrático, designa al mismo tiempo la estética, la riqueza y el valor social de sus patrones. Los sociólogos Michel Pinçon y Monique Pinçon-Charlot han explicado perfectamente qué significa la bondad en la nobleza: una «buena persona», un «buen barrio», una «cosa buena» forman el «buen gusto» de los aristócratas.[4] Los objetos de plata, el estilo clástico y la sobriedad lo reflejan. Fatou se ha familiarizado con ese buen gusto, que al principio le resultaba de lo más incomprensible. Sin embargo, al cabo de poco reconoce que, de hecho, las butacas, los cuadros, las lámparas, así como los menús, la manera de vestirse, de hablar o incluso los amigos de sus señores no le entusiasman. «No tenemos los mismos gustos, pero sé que son gente excelente», resume, refiriéndose a los vecinos de sus señores, a quienes invitaron a cenar la víspera.

Las sirvientas, pues, están convencidas de que el buen gusto de sus patrones es superior al de cualquiera. Eso no significa que valoren lo mismo que ellos: a menudo tienen un juicio negativo sobre su mobiliario o sus objetos artísticos, de los que no comprenden ni la calidad estética ni la utilidad. La jerarquía que establecen las sirvientas entre su propio gusto y el de sus señores ilustra hasta qué punto adoptan —a menudo, a su pesar— el de las clases dominantes, una muestra de violencia simbólica.[5]

Por último, vivir en el paraíso también significa poseer un poco del dinero que circula por allí. No todo el servicio doméstico tiene el mismo sueldo que Marius, pero es habitual ganar entre 2.000 y 3.500 euros mensuales siendo *nanny*, cocinero, chófer e incluso «chica para todo» o lavandera con cierta experiencia. Bastante más que el sueldo medio francés, que ronda los 1.790 euros. Además, las sirvientas gozan casi sistemáticamente de ventajas en especie. En su trabajo actual, Fatou gana 2.200 euros mensuales, más un incentivo anual de 600 euros, en Navidad. Durante toda la semana, recibe alojamiento, comida y aseo. Un mes antes de nuestra entrevista, sus señores la obsequiaron con unas vacaciones de tres días en los Alpes —antes, jamás había ido a la montaña—. Si ella o sus hijos tienen gastos médicos, sus patrones se hacen cargo de ellos. Por eso pudo ir al dentista, algo que siempre había ido postergando, por falta de medios. Cuando sus señores se van de vacaciones sin ella, siempre regresan con algún regalo. Durante la entrevista, aprovecha para abrir una lata de té verde que le trajeron de Japón, que contiene uno de los mejores *sencha* del mundo. Por añadidura, varias veces al mes, su señora y la hija de esta, de veintiún años, le dan prendas de ropa o accesorios de los que desean desprenderse. Fatou los ordena en un estante aparte del armario de su dormitorio. Allí tiene dobladas una docena de blusas, junto a tres fulares de seda colocados en una cajita forrada de tela. Me los enseña con gestos de una delicadeza que trasluce el valor emocional que tienen para ella «esos preciosos regalos», tal y como los llama. Al igual que Fatou, numerosas criadas alaban la generosidad de las personas a las que sirven. Esos regalos ponen en valor su trabajo y contribuyen a despertar un gran agradecimiento hacia aquellos que les ofrecen algo más que un sueldo: una vida de ensueño.

Para Fatou, esos regalos reflejan, ante todo, la satisfacción de sus patrones, que desean agradecerle todo lo que hace por ellos. Colmar de regalos al servicio doméstico y proporcionarle ventajas en especie (como el alojamiento) no es algo propio de los empleadores muy ricos, ni de las sirvientas francesas, ni constituye una práctica reciente. La socióloga Judith Rollins, que en la década de 1980 llevó a cabo una investigación sobre la relación entre las señoras de la limpieza negras y las patronas blancas de clase media estadounidense, subrayó hasta qué punto se trataba de una práctica muy extendida.[6] En numerosos contextos, los regalos y el alojamiento incluso sirven de argumento a los patrones para reducir el sueldo del servicio doméstico, tal y como constató Dominique Vidal durante su investigación en torno a las criadas de Río de Janeiro en la década del 2000.[7] Sin embargo, lo que distingue las ventajas en especie que conceden los multimillonarios a su servicio doméstico es su valor económico y su frecuencia. Entre los gastos médicos, el alojamiento, la manutención, las vacaciones, los regalos, el sueldo y los incentivos, las sirvientas tienen una situación particularmente privilegiada en lo financiero y lo material. Desde luego, los regalos de algunos ricos son epatantes: bolsos y joyas de lujo, estancias en palacios, masajes, costosas operaciones médicas, sumas de dinero para la familia de las sirvientas e incluso, a veces, motos y coches. Para los ricos, se trata de gastos ínfimos, habida cuenta de su capital, pero para las sirvientas, que disfrutan esos regalos, los ofrecen a su vez o en ocasiones los revenden, representan muchísimo dinero.

Vivir en el paraíso, pues, no solo significa estar en contacto con el dinero y cosas bonitas, sino también gozar de una parte. Esa es la razón por la cual el servicio doméstico resulta tan atractivo cuando consiste en servir a ricos, no a la clase media o a pobres. Marius dejó su puesto de albañil para ser sirviente particular del inversor del hotel de lujo que estaba construyendo en Creta, a cambio de una serie de ventajas. Ningún otro trabajo a su alcance le habría procurado tantas. Hace quince años, Fatou renunció a su puesto de cajera para entrar al servicio de una familia de alto copete que vive en el distrito XVI de París, porque le prometieron un sueldo bastante más alto y alojamiento gratuito, cómodo y, además, en un buen barrio.

Hacer carrera

Cuando cuentan cómo empezaron a servir a los ricos, las criadas siempre confiesan que, sobre todo, las atrajo «el dinero que podían ganar», como dice una de ellas. La abundancia y la variedad de potenciales ganancias económicas suelen determinar esa clase de carreras profesionales tan peculiares. En otros sectores, las sirvientas están condenadas a desempeñar trabajos mal pagados, inestables, sin posibilidad alguna de ascender, así como a ir y venir constantemente entre varios puestos. En Francia, las señoras de la limpieza suelen trabajar a tiempo parcial, «a pedacitos», es decir, en horas sueltas en casa de diferentes patrones.[8] Esos empleos les parecen algo transitorio, no desean dedicarse al servicio toda la vida. En contextos donde los puestos a tiempo completo en casa de un solo patrón son más corrientes y los ocupan personas socialmente desfavorecidas durante gran parte de su vida, no por ello su carrera es más gratificante. Por ejemplo, en Costa de Marfil, las muchachas entran al servicio de las clases medias de Abiyán desde la más tierna infancia, con perspectivas profesionales muy limitadas, como parte del servicio doméstico o en otros puestos.[9] Por el contrario, las sirvientas de los multimillonarios tienen muchas posibilidades de promoción, a menudo espectaculares. Pueden ascender de rango o bien especializarse a medida que adquieren experiencia.

El caso de Violette lo ilustra a la perfección. Violette tiene treinta y seis años, como Fatou. Francesa, hija de un obrero y de una cajera, es esteticista titulada y madre de dos hijos. Ejerce de doncella en casa de un corredor de bolsa y de una diseñadora de sombreros en las afueras de París, al oeste de la capital. Charlamos tomando un café en el valle del Oise (al norte de París), donde su marido, fontanero de profesión, tiene muchos familiares y amigos. Violette lleva ocho años sirviendo a ricos y considera que ya ha hecho carrera. Esteticista, señora de la limpieza y luego doncella. En su caso, todo fue muy deprisa.

—Antes trabajaba como esteticista, ¡hasta que se me abrió la puerta haciéndole la manicura a una señora que venía muy a menudo! [*Risas.*] Aquella señora tenía un castillo bastante cerca... no un castillo en el Loira, pero casi. [*Risas.*] Cuando no estaba allí, vivía en París. Un día me preguntó si tenía ataduras. Sí, en aquella época tenía un crío, además de mi marido. Me dijo cuánto podría ganar en París si trabajara para ella. Al principio, no lo entendí, hasta que me lo explicó bien. Me propuso un trato: si aceptaba ser su señora de la limpieza, en su casa, todos los días, nos ayudaría a encontrar un alojamiento para mi marido, mi hijo y yo. Y un curro para mi marido. Me ofreció 2.300 euros. En negro. Sin impuestos, claro. La verdad es que no nos lo pensamos mucho. En el centro de estética ganaba una miseria, mi marido ya no se llevaba bien con su jefe, así que nos marchamos... enseguida, de hecho. ¡Fue un poco una aventura! Le hacía la manicura prácticamente día sí día no. Y me pedía que me encargara de las tareas domésticas... que planchara, también. Que cocinara. En realidad, hacía un poco de todo.

—*¿Y cuánto tiempo estuviste en su casa?*

—Pues creo que dos años. Luego todo se fue encadenando. Ella se mudó definitivamente al Loira y yo me quedé en París trabajando para su hija. Allí dirigía a otra señora de la limpieza. [...] Empecé a ser conocida en el barrio. Después curré para su prima, porque su hija se marchó a la Costa Azul... Era su doncella. [...] Desde entonces he sido doncella de todas las demás señoras. Les gusta mi manera de trabajar, curro bien y mucho. ¡Ojalá pronto llegue a mayordoma!

En la actualidad, Violette gana 5.600 euros al mes, sin incentivos. Trabaja en equipo con una chica para todo, una cocinera y un chófer, a quienes dirige. Tiene la esperanza de llegar a ser mayordoma, uno de los puestos más altos de la jerarquía doméstica. De hecho, ya tiene un plan: entrar al servicio de una pareja de amigos de sus patrones, que unos meses antes de nuestra entrevista le propusieron ejercer de mayordoma, a la cabeza de un equipo de nueve sirvientas, en la Costa Azul. Esa oferta revela una de las condiciones necesarias para la movilidad laboral de las sirvientas: tener una buena red de contactos. En sus ocho años al servicio de multimillonarios, Violette se ha creado una agenda muy nutrida: desde el conserje de la escuela privada de sus dos hijos hasta el director de un club náutico de la Costa Azul, pasando por la florista habitual de sus señores o incluso sus amigos gestores financieros, marchantes de arte, directores generales y artistas. El capital social acumulado en el universo de los ricos brinda a las sirvientas la posibilidad de acceder a puestos más altos y mejor pagados que el anterior. Siempre que ha cambiado de empleadores, Violette ha ido ascendiendo profesionalmente y ha conseguido un sueldo y unas compensaciones en especie cada vez más ventajosas.

Precisamente el hecho de que existan puestos jerarquizados y especializados al servicio de los ricos permite hacer carrera. Una sexta parte de las criadas que conocí sirven ellas solas a sus señores, es decir, son polivalentes. Las demás trabajan en equipo en una misma casa: casi el 70 por ciento tienen entre una y seis colegas. El 30 por ciento restante tienen entre siete y varias decenas de colegas. La pluralidad de perfiles del servicio doméstico explica esa división del trabajo, que se acentúa a medida que aumenta el número de sirvientas. Mientras que algunas empiezan su carrera siendo polivalentes y encargándose principalmente de la limpieza, otras empiezan en un puesto especializado, a cargo de una tarea muy concreta. En la mayoría de los casos, van aprendiendo y desarrollando competencias muy buscadas en un ámbito en particular, hasta el punto de hacer carrera como chófer privado, *nanny* o cocinero, por ejemplo.

En mi primera conversación larga con Solal, un cocinero particular, me impresiona su recorrido y el renombre que ha adquirido en el distrito parisino burgués donde trabaja. Nos cruzamos en el patio de un palacete donde acabo de entrevistar a su señora; me propone hacerle compañía en la cocina mientras lleva a cabo algunos preparativos y acabamos charlando durante más de tres horas. Solal tiene treinta y cuatro años, nació en Israel y vive en Francia desde los ocho. Nada más llegar, sus padres, charcuteros de profesión, abrieron una tienda *kosher* en la periferia norte de París, donde Solal trabajaba los fines de semana durante la adolescencia. En la actualidad, lleva doce años siendo cocinero en un palacete: empezó de ayudante, antes de convertirse en el jefe de un equipo de cuatro cocineros. Se describe como un simple *pizzaiolo* que un día tuvo la suerte de ser contratado por unos acaudalados aristócratas ingleses, propietarios de varias grandes fincas vinícolas en Francia y el Reino Unido. Uno de sus amigos de aquella época era el chófer de una familia vecina. Fue él quien presentó a Solal al mayordomo de sus actuales patrones. De nuevo, se manifiesta la fuerza de la red de sirvientes que ya tienen un puesto de trabajo, una red que puede beneficiar a su entorno. Solal, a su vez, ya ha elegido a un pinche de cocina. En el futuro, desea dirigir un equipo más grande: con el respaldo de su fama en el barrio, cree que logrará convencer a sus señores de «subir un nivel», como dice él. Quiere aprovechar la boda de su nieta para demostrarles todo lo que podría hacer con un equipo más numeroso.

A medida que converso con distintos aristócratas del barrio de ese palacete, me doy cuenta de que todos ellos conocen a Solal, dado que la mayoría han compartido mesa y mantel con sus señores. Todas sus sirvientas también lo conocen. Para ellas, Solal encarna un ideal de carrera y de ascenso social. Con el propósito de resaltar las numerosas ventajas de servir a los ricos, a menudo las sirvientas convierten la carrera de una de ellas en un modelo. Las historias sobre esos modelos circulan por un perímetro circunscrito —un barrio, un edificio, una ciudad o incluso una región—, se cuentan a todas las recién llegadas y contribuyen a crear la *illusio* del servicio doméstico,* que explica por qué esas sirvientas tienen tantas posibilidades de «caer en el juego, ser atrapadas por el juego, creer que el juego merece la pena».[10] En el servicio doméstico, ese juego tiene varias reglas y recompensas, que se abordarán en profundidad a lo largo de los próximos capítulos. Hacer carrera es una de esas recompensas, que alimenta numerosas fantasías, incluso por parte de personas con estudios reglados que ya han alcanzado una vida profesional estable y bien remunerada. En efecto, entre los cocineros particulares se encuentran excamareros y excocineros de restaurantes de lujo, exjefes de *catering* y expasteleros, con estudios de formación profesional o en escuelas de cocina. No solo desean trabajar para ricos por interés económico —cobran más—, sino por prestigio, dado que entonces sus habilidades son objeto de alabanzas y reconocimiento por parte de gente que, a su juicio, es la personificación misma del refinamiento, del que su cocina también participa. El servicio

* Pierre Bourdieu acuña el concepto de *illusio* partiendo del ejemplo del universo artístico e intelectual, donde lo que impulsa a jugar al juego es más simbólico que material (ser conocido y reconocido, defender unos valores).

doméstico, pues, constituye una vía de promoción para profesionales de otros sectores, que validan así sus competencias gracias a la aprobación de los ricos. Al mismo tiempo, esos profesionales contribuyen a reforzar la excelencia social de los ricos.

El servicio doméstico también alimenta las aspiraciones de titulados varios, que empiezan discretamente en puestos de mayordomo o de asistente personal. Entre las sirvientas que he conocido, casi la mitad tienen estudios reglados, que van desde la formación profesional hasta un máster. Del conjunto, casi una cuarta parte tienen un grado universitario de tres años o incluso un máster, obtenido en escuelas de hostelería y de restauración, de negocios y de comercio, o de puericultura y pedagogía. Desde luego, resulta muy llamativo, habida cuenta de que, en el sector de los servicios personales, en Francia, menos de uno de cada diez trabajadores cuenta con estudios superiores.[11] El universo de los multimillonarios, pues, concentra a las sirvientas diplomadas, que pretenden entrar a su servicio con la esperanza de prosperar más que en otra parte.

Esa *illusio* del servicio doméstico está especialmente acentuada entre las sirvientas procedentes de clases populares inmigrantes. Alimenta las ilusiones y el sueño del ascenso social que supuestamente promete la migración a un país rico.[12] Cuando presentan su trayectoria, esas sirvientas hacen hincapié en el orgullo que les procura haberse vengado socialmente de todas las penalidades que tuvieron que sufrir sus padres. Entre líneas, lamentan el racismo estructural que impera en Francia y se oponen al estereotipo de la inmigrante caradura que no quiere trabajar.[13] Nacidas en el extranjero o hijas de inmigrantes, en su mayoría racializadas, se han labrado una trayectoria que demuestra su esfuerzo, reconocido y consagrado por los ricos.

«Mis patrones me hacen crecer»

Una carrera al servicio de ricos aún resulta más atractiva si se trata de patrones pudientes dispuestos ayudar a sus sirvientas a prosperar. En varias ocasiones, Marius expresa su agradecimiento a sus señores por haberle transmitido conocimientos y habilidades que, si no, jamás habría aprendido: hablar un inglés casi perfecto, saber vestirse en función de las circunstancias, adoptar una actitud y una mirada adecuadas, buenos modales y, sobre todo, saber ahorrar e invertir el dinero. En la actualidad, Marius es propietario de varios bienes inmobiliarios, entre los que destaca un apartamento en Nueva York, donde vive con su mujer. Lo compró siguiendo los consejos de su señor, que lo acompañó a visitar varios pisos e incluso negoció el precio con un amigo director de una agencia inmobiliaria. Así, Marius pudo beneficiarse de la mundología de su señor y familiarizarse con algunos de los desafíos de las grandes fortunas: gestionar su capital, maximizar sus ganancias, hacer compras juiciosas, ahorrar y otros elementos definitorios de un estilo de vida que las sirvientas aprenden de sus ricos empleadores.[14] Se inspiran en las decisiones de sus señores y les piden consejo, aunque sus recursos sean mucho más reducidos.

Recuerdo una frase que pronunció Solal mientras charlábamos en la cocina: «Mis patrones me hacen crecer». Expresa clarísimamente cómo se sienten muchas sirvientas al formar parte de la cotidianidad de los multimillonarios. Al servirles la comida, ellas descubren nuevos alimentos, nuevos platos y nuevas reglas nutricionales. Al plancharles la ropa, al ayudarlos a vestirse, al tocar los tejidos sedosos de los manteles y las sábanas, al quitar las manchas de los bordados, las sirvientas aprenden a reconocer los tejidos de calidad y a identificar qué es de buen gusto. Al observar cómo sus patrones interactúan con los demás, las expresiones de su rostro, su manera de saludar o de sentarse, las sirvientas aprenden un sinfín de códigos sociales que les permiten sentirse cómodas en eventos sociales. Al acompañarlos a exposiciones o a conciertos, al encargarles libros, al apuntarles al boletín de novedades de la ópera, al quitar el polvo de sus cuadros, estatuas y vitrinas, acceden a la cultura histórica y artística dominante. Asimismo, las sirvientas adquieren conocimientos muy especializados en algunos ámbitos, según la profesión de sus patrones: los pasos de una operación de cirugía estética o de una audiencia, las negociaciones de un proyecto urbanístico o de un plan de despidos, la preparación de un desfile de moda o de la inauguración de una fundación. «A través de terceros», viven la vida profesional de sus señores y se impregnan de ella, hasta tal punto que les da la impresión de trabajar un poco con ellos, y no para ellos. A veces, eso provoca confusiones, como cuando le pregunto a Filipa qué hacía antes de reunirse conmigo:

> *—No te preocupes por el retraso... ¿Estabas muy ocupada?*
>
> —¡Sí! Estábamos eligiendo la cubierta... ¡Una elección complicada! Las fotos eran geniales, nos costaba mucho decidirnos.
>
> *—¿La cubierta?*
>
> —¡Sí! El libro sale dentro de unas semanas y todavía... todavía no está decidida.
>
> *—Pero ¿tú también la has elegido con tu señora?*
>
> —¡Sí! Yo le tiendo las fotos y ella me dice si le gustan o no, entonces yo las clasifico y luego las ordeno en carpetas, antes de que ella se marche. ¡Pero esta mañana la cosa se ha alargado muchísimo porque nos gustaban todas!

El libro al que se refiere Filipa es una antología de poemas contemporáneos que publicará la editorial en la que trabaja su jefa. Filipa es una chica para todo. Es argentina, tiene cuarenta y seis años, está divorciada y es madre de tres hijos. Su padre, ya fallecido, trabajaba en una tintorería y su madre, pese a su avanzada edad, sigue siendo lavandera en una casa de Argentina. Filipa contesta a mi primera pregunta en francés, aunque yo me había puesto en contacto con ella en español. Entonces sigo en francés, antes de volver al español para preguntarle si ha elegido la cubierta con su señora. Ingenuamente, había pensado que Filipa había confundido la primera persona del singular con la del plural, hasta que me doy cuenta de que, incluso en su lengua materna, se identifica con la elección de su patrona. Ese uso del «nosotros» y de los verbos conjugados en primera persona del plural es muy frecuente en boca de las sirvientas, que constantemente asocian sus pensamientos y sus actos con los de sus señores. Filipa, cuya patrona es directora artística, ha atesorado una cultura enciclopédica sobre la historia de la fotografía y la edición. En cinco años al servicio de esa señora cultísima, Filipa ha ordenado todas sus carpetas y ha archivado multitud de antiguas ediciones de libros, así como de fotografías. Se ha pasado horas enteras leyendo obras de la inmensa biblioteca de su despacho, mientras la esperaba durante una reunión, una presentación o una sesión de firmas. Sin embargo, jamás puede pronunciarse en la toma de decisiones. La selección de la fotografía para la cubierta es un ejemplo de tantos en que nadie le pide su opinión: cada una se queda en su lugar en esa relación asimétrica, hasta tal punto que Filipa vive la elección de su jefa como su propia elección. El plural cobra todo su sentido cuando me confiesa: «De todas formas, tenemos el mismo gusto, ella y yo».

Durante la investigación, las sirvientas alaban la generosidad de sus señores. Forma parte de su papel: deben demostrar que sus patrones son excelentes. Pero, por muy entusiastas que parezcan, esa generosidad está regida por unas reglas más o menos explícitas que mantienen unas fronteras y unos límites infranqueables. La patrona de Filipa nunca le ha prohibido explícitamente dar su opinión sobre las fotografías para la cubierta, pero Filipa sabe de antemano que no debe darla, que debe conformarse con escuchar, con observar, con empamparse de todo y mostrarse de acuerdo con todo lo que le dice y le transmite su jefa. El vínculo entre señores y sirvientas no se reduce a una relación profesional clásica. Está a medio camino entre la de un profesor con su alumno y la de un padre con sus hijos. Entraña una dimensión socializadora, que alimenta otro aspecto de la *illusio*: formar parte de la misma familia, pese a no proceder del mismo mundo. Desde que entran al servicio de los ricos, las sirvientas escuchan a menudo que ellas también son miembros de la familia. El dinero que ganan, los regalos que reciben, la habitación de la que disponen, los libros que leen, la música que escuchan, el arte de poner la mesa y la manera de vestirse para servir en una cena con invitados emanan de los comportamientos paternalistas de sus patrones. El hecho de que estos las acojan bajo su ala alimenta sueños que explican la emoción que les causa ser conscientes de que están en deuda con ellos. Por su parte, los patrones desempeñan regularmente su papel de transmisores o de consejeros, sea en materia de dinero, de códigos, de valores o de gustos. Ese papel es especialmente marcado entre los aristócratas. Sus antepasados, sus abuelos, sus padres y ellos mismos crecieron con sirvientas, que siempre han formado parte de su vida familiar. De ahí que su cometido sea tratarlas casi como a sus propios hijos. No es de extrañar, pues, que las sirvientas, como Solal, sientan que «crecen».

Durante mi investigación, conocí a numerosos señores que afirmaban que su sirvienta era «como su propio hijo (o hija)» e insistían en el hecho de incluirla en la familia. A veces, se adelantaban a mis preguntas, como en este extracto de un correo electrónico que me escribió Françoise, una aristócrata de ochenta y nueve años, en respuesta a mi petición de entrevistarla:

> Será un enorme placer colaborar con su investigación. Las sirvientas son nuestro legado, son nuestra familia. Siempre he mantenido una relación muy estrecha con mis mayordomas. Me encantaría compartirlo con usted.

Pocos días después de recibir este correo electrónico, me reúno con Françoise en su piso parisino. Nos pasamos la tarde charlando sobre su infancia, su matrimonio con un oficial del ejército, sus mudanzas, sus vacaciones y sus hijos. Françoise era ama de casa, pero durante unos años trabajó de secretaria médica en la consulta de su primo. Un paréntesis en su vida, que contó con el apoyo de su marido, pese a las críticas de otras mujeres de su entorno. Françoise deseaba sentirse útil y conocer el mundo laboral. Si pudo trabajar fuera de casa fue gracias a dos sirvientas, que cuidaron de sus hijos en su ausencia. «Al igual que mi madre, siempre he tenido ayuda en casa.» Me enseña unas fotografías en las que aparecen, en fila junto a su madre, las once criadas que trabajaban en el castillo de sus padres. Françoise se acuerda de anécdotas protagonizadas por cada una de ellas. Martine, la cocinera, le daba magdalenas recién sacadas del horno a escondidas. Alphonse, el jardinero, había construido una cabañita al fondo del jardín para ella y sus dos hermanos. Souleyman, uno de los chóferes de su padre, la llevaba al colegio de vez en cuando, los días de lluvia. Mientras va hojeando el álbum de fotos y yo cojo de la biblioteca los libros que me indica, Oxana, su mayordoma, nos sirve el té y se acerca regularmente para preguntarnos si necesitamos algo. Cada vez, Françoise le contesta «No, hija mía».

Después de treinta y tres años de vida en común, Françoise considera a Oxana, de cincuenta y nueve, su propia hija. «Nos llevamos treinta años, ¡así que podría haber sido mi hija!» Françoise me explica cómo le enseñó francés, en una época en la que Oxana solo hablaba ruso. Dice que le salvó la vida: para escapar de un matrimonio forzado, Oxana huyó de Rusia y se refugió en la iglesia que frecuentaba Françoise. Primero la ayudó el cura y, posteriormente, Françoise, que la acogió en su casa a cambio de que la sirviera. Siempre le pagó la ropa y las visitas médicas, y se la llevó de vacaciones. Cuando me cuenta anécdotas de sus tres décadas de vida en común, Françoise repite que quiere a Oxana como si fuera su hija y su madre. «Es un toma y daca», lo resume. De niña, las sirvientas la cuidaron y, más tarde, fue ella la que cuidó a sus propias sirvientas. Ahora, de nuevo, Oxana la cuida a ella: Françoise tiene menos energía para instruirla y regalarle «miles de cosas», pero ya sabe que, cuando se muera, Oxana servirá a su hijo y a sus nietos. Se van a hacer cargo de Oxana y le van a asegurar «una jubilación plácida».

Esa clase de anécdotas no son ninguna novedad. En Francia, en torno a 1900, numerosas criadas procedentes del campo acudían a París con la esperanza de entrar al servicio de alguna familia que, a cambio, pudiera educarlas y cuidar de ellas.[15] Hoy en día, pese a que las dinámicas migratorias han cambiado, la adopción de sirvientas consideradas vulnerables e ignorantes por parte de patronas sigue siendo la norma. Los discursos y las prácticas maternalistas pretenden incluir a las sirvientas en la familia, curándolas y educándolas, como si fueran niños que conviene espabilar, acompañar y apoyar. En contrapartida —obligatoria, algo que convierte ese intercambio en algo muy desigual—, las sirvientas deben cuidar de sus patrones, servirlos y colmar sus deseos. Lo que cuenta Françoise remite a una lógica de don y contradón muy corriente en el universo del servicio doméstico y, en general, en los servicios y los cuidados personales a domicilio.[16] Sella un contrato —oral y moral a la vez— asimétrico, pero que conlleva obligaciones de cuidados mutuos.

Al proclamar que las sirvientas son miembros de su familia, al demostrar que les salvan la vida y que son responsables de su felicidad, los ricos se sienten autorizados a dejarse servir y a ejercer su dominación. Es parte de la *illusio* del servicio doméstico: la asimetría entre señores y sirvientas queda compensada —y a menudo enmascarada— por el hecho de que los patrones hablen y actúen como benefactores. Se trata de una forma de violencia simbólica.[17] Oxana no está obligada, por medio de la violencia física, a servir a Françoise y a su familia durante toda su vida, pero tácitamente sí lo está porque Françoise asegura que le salvó la vida. Así, de manera sutil e invisible, los multimillonarios consiguen que sus sirvientas estén en deuda con ellos.

2

Lo que quieren los ricos

París, una tarde de julio. Bruno le hace una señal a Joseph, uno de los camareros del Jockey Club. Le pide un té verde y un zumo de fruta y luego se arrellana en un sillón. «Ya lo ve, aquí uno está como en casa, bien servido. Así es, entre nosotros.» Ese «nosotros» incluye a los demás miembros de ese club social tan selecto* y, en especial, a aquellos que, como Bruno, pertenecen a la aristocracia francesa. Fue él quien me propuso reunirnos en ese lugar, con el propósito de que comprenda «cuál es el legado y la esencia de la aristocracia». Conversamos en uno de los salones reservados para los invitados, al que tienen acceso las mujeres. Para ser miembro del Jockey Club, no solo hace falta ser aristócrata, sino también ser un hombre. Hasta los camareros con los que me cruzo son hombres. Para Bruno, se trata de una muestra de calidad y de seriedad. Acude varias veces por semana al edificio que alberga el club, situado muy cerca de los Campos Elíseos, para «cultivar buenas relaciones». Allí le gusta discutir «cosas importantes», pero también relajarse. El trato que recibe por parte del servicio contribuye mucho a ello, ya que encarna, a su juicio, «la

* En 2015, el Jockey Club agrupaba a 1.224 personas, de las cuales 1.023 eran miembros permanentes (cifras procedentes del anuario de ese año).

cultura aristocrática». Los camareros, como Joseph, son a la vez discretos y detallistas, educados y pulcros, elegantes en su manera de hablar y de hacer las cosas. «Todo esto debe perdurar», comenta Bruno, inclinando la cabeza para darle las gracias a Joseph, que nos sirve las bebidas. «Este lugar es muy hermoso, ¿verdad, Joseph?», le dice. Sin esperar su respuesta, continúa: «Joseph nos quiere mucho, ¡y todos querríamos tener a Joseph solo para nosotros!».

En casa de Bruno, quien le sirve desde hace más de quince años es Maza, una inmigrante española en la cincuentena, hija de una familia «bastante pobre», según él, que llegó a Francia al cumplir la mayoría de edad. También se encarga de limpiar, de hacer la compra, de cocinar, de plancharle las camisas, de hacer pedidos y, de vez en cuando, de clasificarle las carpetas de ingeniero automovilístico. Dispone de una habitación en su casa. Como Bruno no tiene mujer ni hijos, «¡necesito que alguien lleve la casa y me haga compañía!», bromea un día que conversamos en su piso del distrito XIII de París, heredado de su abuelo. Bruno trabaja todo el día, a veces incluso los fines de semana, y a menudo queda con amigos o colegas para tomar una copa o cenar juntos. Le parece imposible ocuparse él mismo de las tareas domésticas y la comida con esa agenda tan apretada. Además, durante su infancia, siempre estuvo rodeado de sirvientas. Desde entonces, siempre ha tenido a alguien a su servicio. «Así es, entre nosotros», repite en varias ocasiones. Tanto en el Jockey Club como en su casa, le resulta de lo más natural que le sirvan. De hecho, le entristece que algunos miembros ya no puedan permitírselo por estrecheces financieras o bien que hayan renunciado, por razones varias, a algo que considera un arte de vivir propio de la «cultura aristocrática». Bruno es multimillonario, gracias a múltiples herencias familiares, y se aferra a ese tren de vida. Le pregunto si podría prescindir de Maza. Sorprendido, lo piensa durante unos segundos y me contesta con un tono tan seguro como asombrado: «¡No, imposible! ¿Por qué debería dejarla?».

Una «necesidad» de sirvientas

En Francia, desde principios del siglo XX y especialmente desde el período de entreguerras, el número de familias que disponen de servicio doméstico a tiempo completo se ha reducido drásticamente,[1] algo que no impide que, en la actualidad, un pequeño grupo de gente muy pudiente tenga una o varias sirvientas. Entre esos ricos, algunos atesoran una fortuna transmitida de generación en generación, como Bruno. En efecto, pese al empobrecimiento de la aristocracia, una parte todavía es muy adinerada.[2] Otros se han enriquecido recientemente, por ejemplo, ejerciendo profesiones muy lucrativas en el ámbito del comercio o las finanzas.[3] Al igual que Bruno, los multimillonarios que he conocido no contemplan siquiera la posibilidad de vivir sin servicio doméstico. Los aristócratas erigen el servicio al rango de cultura, mientras que las nuevas fortunas lo presentan como una ayuda merecidísima e indispensable.

Indiscutiblemente, lo que les confiere el privilegio de tener sirvientas es su enorme riqueza. Los ricos son plenamente conscientes de ello. Sin embargo, consideran que el hecho de que les sirvan responde a una necesidad, no a una comodidad. La primera vez que un multimillonario me explicó que realmente necesitaba tener servicio doméstico, que no era un capricho, pensé que bromeaba. ¿Cómo iba a tomarme en serio semejante necesidad, si la inmensa mayoría de la gente vive sin servicio alguno? De hecho, los historiadores subrayan que el servicio de la nobleza es para ostentar, que es comparable a las galas, es decir que, en el fondo, se trata de un accesorio entre tantos otros que les sirve para alardear en sociedad.[4] Resulta comprensible que un anciano, una persona con discapacidad o dependiente tenga ayuda a domicilio.[5] En cambio, la mirada sociológica pone en entredicho la supuesta necesidad de que te atiendan varias sirvientas cuando uno, física y mentalmente, es capaz de hacer por sí mismo las tareas que les encomienda a ellas.

Es llamativo que los ricos recurran a la palabra «necesidad». ¿A qué se refieren? Cobré consciencia de que el servicio doméstico era muy importante para ellos el día que oí a Margaret y Philippe, un matrimonio de ingenieros franceses, procedentes ambos de familias aristocráticas parisinas muy acaudaladas, conversando sobre la contratación de una nueva *nanny* para sus cuatro hijos. Por aquel entonces, yo trabajaba en su casa como auxiliar de cocina y niñera a tiempo parcial, junto con otras dos personas empleadas a tiempo completo, Manon, señora de la limpieza y lavandera, y Patrick, chófer. Me había presentado a ese puesto sin informar de que me serviría para investigar *in situ* en su casa, aunque durante la entrevista les mostré mi investigación sobre el personal doméstico. Todos pensaban que yo no era más que una estudiante que deseaba ganar dinero. Sin embargo, quería hacer entrevistas y grabarlas y, sobre todo, investigar a cara descubierta para usar sus palabras y mis observaciones con su consentimiento. Margaret, Philippe, Manon, Patrick y los hijos de los primeros aceptaron mi proyecto con una mezcla de diversión y suspicacia. Pusieron sus condiciones de anonimato y de confidencialidad y se prestaron al juego. Aquel día, Margaret se debatía entre dos opciones: quería contratar a una *nanny* a tiempo completo para que realizara las mismas tareas que yo en mi ausencia, con el objetivo de que sus hijos contaran con alguien de manera regular para cuidarlos al volver del colegio y durante los fines de semana. Con todo, no tenía la energía de buscar «la perla rara», de ahí que le reprochara a su marido que tenía «demasiada gente sobre sus espaldas». Aunque vacilaba, acabó resignándose a cumplir con su obligación: la de ofrecer lo mejor a sus hijos, la de replicar lo que su madre siempre había hecho, es decir, contratar a *nannies* que se ocuparan de Margaret y sus hermanos. La coletilla «hace falta» que se repetía incesantemente ante su marido, impasible frente a sus dudas, resonaba como un mandato que la devolvía al buen camino.

Por mi parte, ese «hace falta» me recuerda a algo que encontré en los archivos de Acción Católica de los Independientes (ACI), un movimiento cristiano al que pertenecían hombres y mujeres de la burguesía y la aristocracia francesas en la década de 1960. En una de las carpetas que se conservan en el Centro Nacional de Archivos de la Iglesia Francesa (CNAEF, en sus siglas originales), se encuentra una encuesta llevada a cabo en aquella época entre los miembros del movimiento. En la categoría de «bienes materiales de confort doméstico», figura el «servicio de personal de la casa», así como la siguiente nota: «Existe cierta esclavitud del medio que obliga a ofrecer grandes recepciones que enmascaran una vida cotidiana muy mermada».[6] Por aquel entonces, algunos aristócratas, miembros de ese movimiento, conservaban las criadas por temor a no estar a la altura de su estatus social, pese a su relativo empobrecimiento. Esa obligación de mantener el estatus sigue vigente.[7] Sin embargo, entre los ricos que he conocido, la falta de dinero no supone ningún problema. A veces, como en el caso de Margaret, las mujeres se cansan de tener demasiado personal en casa, pero enseguida, como la propia Margaret, sienten la necesidad y la obligación de que las sirvan.

Un rango que mantener

«Se podría decir que la pobreza empieza cuando no se tiene criada», escribe la historiadora Anne Martin-Fugier a propósito del servicio doméstico en París en torno a 1900. En 1852, las criadas representaban el 14 por ciento de la población activa de la capital, es decir, había una criada por cada tres obreros.[8] Casi todo el mundo tenía una sirvienta en casa, salvo los obreros, los empleados y los artistas pobres. A finales del siglo XIX, no era necesario ser muy rico para disponer de una criada. Hoy en día, sucede justo lo contrario. La brecha social y económica entre aquellos que pueden permitirse servicio doméstico y el resto de la población resulta evidente. De entrada, tener servicio distingue a los ricos de los demás. A través de sus sirvientas, Margaret perpetúa el legado y la tradición de su familia: su apellido, su estatus social, su forma de vivir, sus privilegios. Espera que sus hijas y sus hijos también «se rodeen de un buen personal». De hecho, fue su madre quien la ayudó a elegir a sus primeras sirvientas, hace más de veinte años. Una tarde que volvió antes del trabajo, me habló un poco de su infancia, mientras se tomaba un té y yo preparaba la cena. Cuando tenía diez años, su madre contrató a un chófer, que llevaba a Margaret al colegio en un coche descapotable. Todas las miradas se concentraban en ella. Margaret todavía se acuerda: «Todos los niños eran de buena familia, pero sus padres no tenían los recursos suficientes como para permitirse un chófer». Había que «mantener cierta reputación».

Esa misma reputación es la que sigue cultivando a día de hoy. Renunciar al chófer supondría una verdadera decepción para sus padres, que han hecho todo lo posible para que ella tenga el mismo tren de vida que ellos.

Para aristócratas como Margaret y Bruno, pues, tener sirvientas significa que no han venido a menos y una muestra de su pertenencia a la «cultura aristocrática». Para los ricos cuya fortuna es más reciente, se trata de una cuestión ligeramente distinta: tener servicio doméstico forma parte de la parafernalia necesaria para construir su legitimidad ante otros millonarios, para demostrar que dominan los códigos. Antes de mantener un estatus social, los nuevos ricos deben acceder a él. Así lo viven Karim y Katy. La pareja reside en un palacete en el centro de Londres, con sus dos hijos. Tienen tres sirvientas trabajando a tiempo completo para ellos: una criada para todo y un chófer, ambos de origen marroquí y de unos cuarenta años, y una *nanny* británica de veinticinco formada en una Nanny School londinense. Karim es corredor de bolsa y su mujer es una ejecutiva comercial en una gran multinacional. Katy nació en el norte de Inglaterra, en una familia obrera que jamás tuvo una empleada del hogar. Karim, por su parte, nació en Agadir, en Marruecos, en una familia de comerciantes que, pese a no ser muy acomodada, siempre tuvo a su servicio a una criada, una prima que limpiaba y cocinaba a cambio de que le dieran techo, comida y cierta educación. Karim y Katy se conocieron siendo estudiantes en la Universidad de Oxford. Cuando se fueron a vivir juntos, buscaron a una señora de la limpieza que los ayudara unas cuantas horas por semana. Después de casarse y de mudarse a un barrio elegante de Londres, decidieron contratar servicio doméstico a tiempo completo. Como sus vecinos.

—Katy: Es verdad que, al llegar a este barrio, me extrañó que todo el mundo, absolutamente todo el mundo, tuviera al menos una persona, una señora que venía todos los días de la mañana a la noche, o que dormía en su casa, para... limpiar, planchar, cocinar, ayudarlos con trabajillos varios... Las veía en el jardín interior, mientras hacían una pausa, todas reunidas, y enseguida comprendí que no eran vecinas propietarias, sino ¡las criadas de mis vecinas!

—Karim: Sí... A mí no me sorprendió tanto como a Katy, creo. En Marruecos, es bastante habitual tener una criada. Yo mismo tenía una, como explicaba antes, aunque mis padres tampoco eran... tan ricos como todos nuestros amigos, ni como nosotros, para nada. Pero en Marruecos es así.

—Katy: Sí, Karim, a ti no te extrañaba tanto como a mí...

—Karim: De hecho, cuando teníamos a Jenny [su antigua señora de la limpieza], ya vi que Katy estaba un poco... incómoda, porque no sabía cómo tratarla. Para mí, era más normal. En cambio, cuando llegamos a este barrio, pensé: vale, tendremos que dar la talla a nivel... *staff*, como dicen aquí.

—*¿Dar la talla?*

—Karim: Exacto. Estar a la altura. Cuando perteneces a cierto mundo, en nuestro caso el de las finanzas, el comercio, en fin, los negocios, todo eso, debes tener personal, es así... es una cuestión de estatus, tienes que vivir en un complejo residencial caro, con seguridad privada, tienes que... llevar a tus hijos a la mejor escuela privada de Londres, tienes que comer... yo qué sé, una ensalada traída de Perú o lo que sea [...].

—Katy: Yo, sobre todo, me di cuenta de que no tenía otra opción, que era una forma de presión... Las otras mujeres, mis vecinas, que ahora son mis amigas, y también mis colegas me preguntaban si mi... sirvienta era buena, si hacía bien su trabajo, cuántas vacaciones le daría... de manera que, si no estás dentro, no puedes participar en esas conversaciones, estás...

—KARIM: Desocializado.

—KATY: ¡Sí, eso es!

—KARIM: Además, desconfían de tu éxito, sin duda alguna.

Para Katy y Karim, es impensable que sus amigos (banqueros, corredores de bolsa, grandes ejecutivos, abogados y médicos) puedan desconfiar de su fortuna. El servicio doméstico forma parte del «*pack*», como dice más tarde Karim, riéndose. Katy confiesa que le cuesta horrores acostumbrarse a su presencia. Pero tanto da, creen que no tienen otra opción. Si no, ¿qué dirían cuando sus amigos hablan de sus problemas con las sirvientas? ¿Cómo demostrarían que son gente respetable, si no son capaces de hacerse servir y respetar?

Para formar parte de los ricos, pues, hay que tener criadas. Pero el servicio doméstico divide y clasifica. Separa las grandes fortunas del resto, y también distingue las grandes fortunas entre ellas. «Es como los coches. Están los que hay que tener como mínimo. Luego están los cochazos, los modelos grandes y especiales, que te suben un nivel por encima de la media. Y después están las ediciones limitadas, los coches a medida, o casi, y entonces... bueno, estás en la cima, todo el mundo sabe que lo tuyo va en serio», cuenta con humor Ludovic, propietario de una empresa con tres sirvientas en casa. El número de empleadas del hogar sirve para calibrar la fortuna de los demás y compararse.

Para Vincent, tener varias sirvientas a tiempo completo se ha vuelto «un gran lujo». Aristócrata y director de orquesta, sus amigos a menudo lo reciben con «un ejército de gente» y un «mayordomo con frac». Se burla un poco de «la parte fanfarrona» de sus amigos. Sus padres le enseñaron que no hay que alardear demasiado de la riqueza, que hay que encontrar el justo equilibrio entre «dar a entender que se tiene dinero» y «ser impreciso respecto a cuánto se tiene en realidad». Frecuenta a gente que tiene más de diez sirvientas en su primera residencia. Considera que «exageran un poco». Vincent critica el «*bling-bling*» de esos amigos, que son unos «advenedizos», como los define él. Los conoció en el Interallié, otro club social parisino, más abierto a los nuevos ricos que el Jockey Club.[9] Presumen de Rolex, de Lamborghini, de un sinfín de bolsos Gucci y de una docena de sirvientas. De ahí que Vincent reconozca al instante, incluso de lejos, a los suyos, a los «aristócratas locales», porque «no se pavonean», en sus palabras. En las cenas del Interallié, siempre se sienta con ellos. Los nuevos ricos también están invitados, pero en otras mesas. Vincent suele reunirse con ellos a la hora de las copas, en la barra, o bien en los clubs de vacaciones. Se trata de relaciones que lo distraen, no de verdaderas amistades, en su opinión. De todas formas, le interesa mantenerlas, porque esas relaciones pueden resultarle útiles para su «*business*».

A veces, esos nuevos ricos son extremadamente opulentos. Los que trata Vincent son de los que los economistas denominan «ultrarricos»,[10] los más ricos de entre los ricos, que acumulan ingresos financieros, ganancias de actividades empresariales, un patrimonio inmobiliario y artístico. Además, en ocasiones se benefician de la herencia de los aristócratas con los que se asocian y, de manera recíproca, les hacen beneficiarse de su fortuna, o les compran el patrimonio.[11] De media, los ultrarricos son los que más propiedades y más sirvientas tienen, algo que despierta cierto resentimiento entre muchos aristócratas, quienes además consideran que les roban su «cultura», uno de cuyos pilares son las sirvientas. Por eso abundan las burlas sobre las sirvientas de los ultrarricos: al parecer, visten mal (de manera anticuada o de manera depravada), son groseras, solo les importa el dinero y no se entregan en cuerpo y alma a sus patrones. En resumen, esas «falsas» sirvientas no son sino un reflejo de los ultrarricos, a los que también describen como poco elegantes, con mal gusto, falsamente amables o demasiado distantes, y que maltratan a su personal. A juicio de los aristócratas, por mucho que los ultrarricos tengan de todo, no dejan de ser impostores, que no «saben tratar» a sus sirvientas: de hecho, emplean personal igual que compran coches de colección, con el único propósito de hacer gala de su fortuna. Frente a los ultrarricos, que tienen los medios para contratar un servicio doméstico numeroso y diversificado, los aristócratas convierten ese privilegio en un estigma social para desprestigiarlos, mostrando su desprecio de clase por ellos.[12]

Por su parte, los nuevos ricos también se burlan de los aristócratas. En nuestra primera conversación telefónica, Joan, un milmillonario estadounidense instalado en Francia, me advirtió de que él no vive en el siglo XIX, como el «señor conde» y la «señora marquesa», los motes que les puso a dos nobles con los que congenió durante su último viaje a la estación de esquí de Megève. Los describió como personas simpáticas, pero «rancias» y tacañas, con una sola sirvienta «clavada a ellos», que los acompañaba a todas partes. «Su hija tenía treinta y cinco años, pero aparentaba cincuenta y cinco, con aquellos vestidos largos con el cuello blanco», comentó, antes de exclamar de manera condescendiente: «¡Como en las novelas!».

Eso me recuerda que los sociólogos Norbert Elias y Thorstein Veblen describieron el carácter distintivo y ostentoso del consumo de bienes de lujo por parte de las clases aristocráticas.[13] De hecho, tanto los nuevos ricos como los aristócratas se critican los unos a los otros a partir de estereotipos que no encajan del todo con la realidad. Esas dos clases sociales son, al mismo tiempo, rivales y cómplices. Se parecen y, a la vez, se diferencian, se frecuentan o se rehúyen. En cuanto al mayordomo con frac, que en opinión de Vincent es la prueba definitiva de la ostentación de las grandes fortunas, se trata de un ejemplo que he encontrado en las declaraciones de nuevos ricos, que recurren a esa figura para demostrarme lo «anticuados» que están los aristócratas. Sin embargo, durante mi investigación, solo vi a un mayordomo con frac, únicamente para una gran ceremonia organizada por una condesa francesa que había invitado a un centenar de millonarios cuya fortuna era más o menos reciente. El frac, el delantal blanco encima de un vestido negro, la cofia o la chaqueta son atuendos muy poco habituales entre el servicio doméstico. En el día a día, la mayoría de las sirvientas llevan pantalones, camisetas y blusas de colores oscuros en invierno y más claros en verano; para los actos sociales, se ponen trajes, vestidos o trajes chaqueta. Como todos los patrones aprecian la elegancia y la pulcritud de sus sirvientas, a ojo, es dificilísimo saber si tal o cual criada trabaja en casa de unos nuevos ricos o de unos aristócratas. Los ricos no se distinguen entre sí por la vestimenta de sus sirvientas. En cambio, sí que calculan la fortuna y juzgan el gusto de unos y otros por el número de criadas, su edad, su género, el color de su piel, su nacionalidad y otras muchas características físicas como el color de pelo, el acento o la corpulencia. Los más ricos, que son también los que más sirvientas tienen, pueden permitirse contratar a gente para puestos disparatados. Es el caso de un empleado doméstico llamado José, que es «guarda de los rosales», una profesión inventada por su patrón, Charles, un nuevo rico, apasionado de las rosas, que compró un enorme castillo y contrató a José a tiempo completo para que cuide de su inmensa rosaleda. Incluso debe poner música a los rosales y contarles historias. En el pueblo donde se encuentra el castillo, su patrón es tachado de excéntrico y objeto de burlas, pero, al mismo tiempo, despierta la envidia de las demás grandes familias acaudaladas que viven en los alrededores. «Yo solo tengo a un vulgar jardinero; es verdad que hay que ser muy atrevido para tener un guarda de los rosales; admiro su arrojo, ¡ha conseguido generar debate!», confiesa Marie-Hélène, una vecina aristócrata de Charles.

Sin duda alguna, el guarda de los rosales es el ejemplo perfecto del servicio doméstico aparentemente superfluo. No obstante, demuestra lo importante que resulta para las grandes fortunas distinguirse las unas de las otras. A su modo de ver, tener dinero es algo tan banal que necesitan encontrar la manera de expresar su singularidad. Las sirvientas, al igual que otros privilegios, generan lógicas de sobrepuja omnipresentes porque son fundamentales, en la medida en que la reputación forja las relaciones y las alianzas. Cuando conocí a José, su patrón estaba trabajando en un proyecto de exportación de flores de lujo, en especial de rosas, en un inmenso país asiático. Un equipo de periodistas acudió a su casa para entrevistar a José. Durante la entrevista, a la que asistí, Charles prometió que las rosas se cultivarían en Francia y que las mimarían guardas de rosales como José, con el fin de acrecentar su belleza y su perfume. De hecho, varias amigas suyas, todas ellas muy acaudaladas y seducidas por el proyecto, se postularon como futuras inversoras. Por su parte, José se encargaría de formar a los nuevos guardas de los rosales. Y, como guinda, con la promesa de un incentivo de varios miles de euros.

El dinero es tiempo

Desde luego, si Charles puede invertir en rosas de lujo, es porque tiene los recursos necesarios para ello, pero, sobre todo, porque su dinero le permite disponer de seis sirvientas que se ocupan de mantener su castillo y su jardín, mientras él se dedica a crear su empresa. Si él mismo tuviera que limpiar todas las estancias del castillo, deshollinar las cuatro chimeneas, limpiar las alfombras y los tapices que decoran los suelos y las paredes, cocinar —estofados y tartas de manzana— para la docena de comensales que invita a cenar día sí día no, podar todos sus rosales, cortar el césped de hectáreas de jardín, lavar las sábanas y hacer las camas de los diez dormitorios, cuidar durante todo el día de sus once nietos cuando están de vacaciones en su casa, probablemente no tendría tiempo de gestionar su empresa. El servicio doméstico no solo sirve para lucir la riqueza de sus patrones y colmar su afán de superioridad y reconocimiento. En un plano más prosaico, son una mano de obra cotidiana, que los libera —en lo que a tiempo se refiere— para hacer otras cosas: trabajar, socializar, cuidar de sí mismos o de terceros, impulsar proyectos, salir o descansar.

Las criadas que trabajaban en el mundo rural a principios del siglo XX sufrían en carne propia la extrema dureza de las labores del campo y de las cocinas.[14] Su situación era comparable a la de los obreros: sus patrones sacaban provecho de su fuerza de trabajo. En la actualidad, la comparación entre las sirvientas y los obreros sigue siendo pertinente: proveen de esfuerzos físicos considerables para «prestar servicio» o producir.[15] Gracias al tiempo del que disponen —y no a la venta de productos, como sucedía antaño con la agricultura—, los señores acumulan toda clase de capitales. Si para las grandes fortunas el servicio doméstico es tan sumamente necesario, es porque se trata de una condición *sine qua non* para disponer de su tiempo con el fin de compaginar el descanso con múltiples actividades.

Cuando los ricos cuentan su trayectoria vital, dejan entrever la relación entre ciertas etapas y tal o cual sirvienta. La carrera profesional de Patricia, una mujer medio francesa, medio inglesa, directora de recursos humanos en una multinacional del sector del mobiliario de lujo, está jalonada de esos datos. Patricia trabaja y vive en Londres con su marido Christophe, un banquero de inversión francés, y sus tres hijos. Nació en el Reino Unido, en una acaudalada familia de médicos, que fueron los primeros de su genealogía en tener servicio, mientras que su marido nació en Francia, hijo de un padre banquero y de una madre ama de casa. Christophe pertenece a la aristocracia francesa (su padre y él son socios del Jockey Club) y creció rodeado de sirvientas. Tanto Patricia como él estudiaron en la Universidad de Cambridge. Por aquel entonces, Patricia vivía sola, con una sirvienta que se encargaba de hacer la compra, limpiar y cocinar. Sus padres le pagaban el sueldo. Christophe, por su parte, compartía un piso con otros tres chicos, que limpiaba el conserje del edificio una vez por semana.

Tras su boda, Patricia y Christophe se mudaron a un piso de 300 m^2 en Londres. Enseguida contrataron a Lyvia para que se hiciera cargo de todas las tareas domésticas, mientras ellos trabajaban seis días a la semana, de nueve de la mañana a ocho de la tarde. Al cabo de dos años, Lyvia dejó su puesto con el fin de regresar a Rumanía con su familia. Justo entonces, Christophe fue ascendido y empezó a viajar a menudo a otros países europeos. A raíz de aquellos cambios, la pareja contrató a dos nuevas personas: una sirvienta, Léonie, como sustituta de Lyvia, y un chófer para los desplazamientos profesionales de Christophe. Al cabo de poco, Patricia dio a luz a su primer hijo. De inmediato contrataron a una *nanny*, llamada Sarah, cuya labor era encargarse del recién nacido. Dos años después, cuando nació su segundo hijo, Sarah abandonó Londres y volvió a Francia, pero la sustituyó otra *nanny*, Francesca, que se dedicaba a los dos hijos de la pareja. En paralelo, echaron a Salim, el chófer, después de varios retrasos, y contrataron a otro, Jonathan, un exmecánico especializado en el mantenimiento de coches antiguos. En efecto, Christophe acababa de adquirir un coche antiguo, con la idea de empezar una colección y usarlo los fines de semana. Transcurridos unos años, Patricia alumbró a su tercer hijo. Fue entonces cuando Christophe y ella decidieron contratar a una segunda *nanny*, Ilda, al considerar que con una sola no bastaba para cuidar del recién nacido y de sus dos hermanos mayores. Al cabo de un año, Léonie se jubiló y fue sustituida por Josie. Por último, unos meses antes de mi primera entrevista con Patricia, el matrimonio echó a las dos *nannies* y contrató a una cocinera. Así, Josie se liberaba de la cocina y podía ocuparse de los niños y dedicarse a las tareas del hogar, que se habían acrecentado: Patricia y Christophe se habían mudado a un palacete situado a las afueras de Londres.

A menudo, el emparejamiento de grandes fortunas supone el punto de partida del empleo común de servicio doméstico. El aumento de la familia, su enriquecimiento y su acceso a otros bienes, los cambios laborales y la movilidad geográfica acrecientan y especializan el personal que tienen contratado. Patricia y Christophe nunca han dejado de trabajar a tiempo completo. Patricia llega a la oficina a las ocho y media de la mañana y raras veces sale antes de las ocho de la tarde. Sus jornadas son muy apretadas, según ella, marcadas por reuniones internas con sus compañeros, entrevistas de trabajo, procedimientos de despido y todas las tareas administrativas ligadas a la gestión de los recursos humanos de la empresa. Cuando nos reunimos, estaba en pleno proceso de búsqueda de entrenadores para organizar sesiones deportivas durante las pausas de trabajo de los empleados, y de una decoradora de interiores, para embellecer los espacios de trabajo. En efecto, había emprendido un proyecto de mejora del bienestar laboral de los empleados. Asimismo, tenía previsto recurrir a un especialista en ergonomía y a un proveedor de servicios para llevar a cabo un estudio sobre la relación entre bienestar y desempeño profesional, y pensaba en gente de su entorno que pudiera realizarlo. Por la noche, pues, iba a cenar con potenciales colaboradores para presentarles el proyecto. Christophe, por su parte, debe llegar a la oficina a las diez, pero siempre sale de casa a las siete y media. Desayuna en la terraza de un hotel cerca del banco donde trabaja, mientras lee la prensa. A menudo, aprovecha para tomarse un café con uno o dos colegas y comentar los proyectos que tienen en marcha. Luego acude a la oficina hasta las siete de la tarde, hora a la que regresa al bar de ese mismo hotel, con algunos colegas, para recapitular los avances de la jornada. A continuación, se encuentra con su mujer en algún restaurante, si conoce a la persona con la que ella va a cenar, o, de lo contrario, vuelve a casa y «come algo rápido» que le ha preparado la cocinera de la familia. Sin servicio, Patricia y Christophe no habrían podido llevar esta vida, teniendo tres hijos.

Además, los domingos Patricia se dedica a una fundación artística que preside, mientras que Christophe sale a pasear con sus coches antiguos en compañía de sus amigos. Si los sábados por la noche reciben a invitados, Patricia no tiene que pasarse la tarde cocinando ni «romperse la cabeza», como dice ella. Josie y la cocinera se encargan de todo, desde las compras hasta poner la mesa, además de los menús y las llamadas telefónicas a los invitados para confirmarles la hora y la dirección de la cena. Esos encuentros son sumamente importantes para el matrimonio, ya que les sirven para entablar relaciones duraderas, tanto de amistad como profesionales.

Al delegar el trabajo doméstico y de padres, las grandes fortunas ganan tiempo para dedicarse a su trabajo, así como a sus aficiones y sus relaciones sociales. Contar con servicio doméstico, pues, no solo es una cuestión de «confort» o un «capricho de ricos», sino que se trata, en realidad, de una condición necesaria para su dominación económica, social, cultural y simbólica. Especialmente en el caso de las mujeres. Cuando Patricia entró en la universidad, su madre le buscó una empleada del hogar para que pudiera «triunfar como los hombres», explica. Su madre siempre le aconsejó —e incluso le ordenó— que contratara sirvientas en cuanto viviera en pareja y tuviera hijos. En ese sentido, disponer de una empleada siendo estudiante fue una manera de aprender a que la sirvieran, para que más adelante supiera «llevar una casa» y, al mismo tiempo, consagrarse a su carrera profesional sin dejar de cultivar relaciones sociales fundamentales para mantener su rango social. De no haber tenido personal a su servicio, Patricia debería haberse ocupado de las tareas domésticas, de las que su marido está exento.

Historias de mujeres

Cuando les propongo una entrevista, muchos hombres se avienen a mi petición y se muestran muy parlanchines a propósito del servicio doméstico. Sin embargo, acostumbran a no saber responder a ciertas preguntas, especialmente cuando les pido que me expliquen en qué consiste el trabajo cotidiano de sus sirvientas o con qué criterios las seleccionaron. Es entonces cuando hablan de su mujer. «Habría que preguntárselo a mi mujer», «Pues eso no lo sé, mi mujer podría explicárselo» o «¡La experta, de hecho, es mi esposa!». Para esos hombres, los papeles están muy claros: ellos pagan a las sirvientas y «el resto» es cosa de su mujer. Ese reparto de las tareas por géneros resulta evidente a ojos de Gilles, director de una empresa, de sesenta y un años, aristócrata, que, desde su infancia, siempre ha estado rodeado de sirvientas.

> —Mi mujer lo gestiona realmente bien. En ese sentido, me recuerda mucho a mi madre, que sabía llevar perfectamente el servicio. Es importante saber gestionar al personal, como le decía. Las mujeres, entre nosotros, aprenden enseguida, de jóvenes.
>
> —*¿Y los hombres no?*
>
> —¡Nosotros somos muy generosos con nuestras mujeres, les pagamos todo lo que quieren! [*Risas.*]

Acto seguido, Gilles manifiesta algunos reproches a su mujer, quien, a su juicio, se preocupa demasiado por el bienestar de sus sirvientas y se angustia en exceso si surgen conflictos. A Gilles no le importan lo más mínimo esas «historias de mujeres», tal y como las denomina. Cuando su esposa le pide consejo para resolver disputas, él nunca toma partido. Alega que tiene otras preocupaciones que le impiden pensar en eso: «No tengo tiempo, debo ocuparme de demasiadas cosas como para devanarme los sesos con esas historias... Si no están contentas [las sirvientas], ¡que se marchen!».

En los manuales de economía doméstica del siglo XVIII publicados en Europa, se establece que las mujeres de buena familia deben aprender a ser buenas amas de casa.[16] En los círculos aristocráticos, esa regla sigue vigente: según Gilles y otros hombres a quienes entrevisté durante mi investigación, las tareas domésticas, y en particular la gestión del personal que las realiza, corresponden única y exclusivamente a las mujeres. Sucede lo mismo entre los nuevos ricos. Ser ama de casa no es algo muy valorado, pero, de todas formas, implica gestionar el hogar: ocuparse de buscar sirvientas, seleccionarlas, supervisarlas y darles órdenes, pero también reñirlas, resolver los conflictos y preocuparse por su bienestar. Aunque las mujeres acaudaladas no lleven a cabo las tareas domésticas ellas mismas, se encargan de relacionarse laboral y emocionalmente con sus sirvientas. Ese trabajo fundamental, aunque invisible, que consiste en considerar a las sirvientas como miembros de la familia, comprender sus sentimientos y controlar sus propias emociones frente a ellas, también recae en las mujeres de otras clases sociales que cuentan con señoras de la limpieza o ayuda a domicilio. Siempre son las mujeres, y no sus maridos, quienes tratan con las criadas y dirigen su trabajo en el día a día.[17] En la práctica, la gestión del servicio doméstico de los ricos es, antes todo, «un asunto de mujeres».

No es azaroso, pues, que sus maridos, padres o hijos hablen de ellas valorando sus habilidades domésticas. Consideran que las mujeres tienen un don, un talento casi natural para ocuparse de la casa y para interactuar con el servicio. Y, si no es el caso, deben desarrollarlo cueste lo que cueste, como Katy, la mujer de Karim. En rarísimas ocasiones son los hombres quienes enseñan a las mujeres a tratar con las sirvientas. En la inmensa mayoría de los casos, las mujeres que no lo han aprendido de sus madres acuden a sus amigas o vecinas. Por su parte, los hombres se encargan de los aspectos financieros. Gestionan las transferencias bancarias del sueldo de las sirvientas, firman los cheques o sacan dinero en efectivo para que sus esposas entreguen el dinero en mano, en el interior de un sobre. Su opinión sobre la cifra de los sueldos y de los incentivos también resulta decisiva, tal y como explica Julie, una suiza de cuarenta y cinco años, galerista, hija de un obrero y de una asistenta social, casada con un corredor de bolsa muy rico, Mickaël.

> —Bueno, es verdad que Mickaël gestiona bien todo el aspecto, digamos, financiero. En eso, se puede decir que hay un verdadero reparto del trabajo entre los dos, desde ese punto de vista, vamos, se puede decir que es nuestro personal, en el sentido de que él paga todos los sueldos, y sabe hacerlo mejor que yo. El dinero es lo suyo, ¡por algo es corredor de bolsa! [*Risas.*] Bueno, la verdad es que para mí es un alivio, porque no me interesan nada los números.
>
> *—¿Entonces usted no decide en absoluto la cifra de los sueldos, de los incentivos…?*
>
> —Sí, lo hablamos, lo comentamos para ponernos de acuerdo, pero yo tiendo a no hacer cuentas, a ser demasiado generosa... él es razonable y pragmático. ¡Menos mal que yo no fijo los sueldos; si no estaríamos arruinados! [*Risas.*] No, bromas aparte, esas gestiones se me harían muy cuesta arriba. En eso, realmente Mickaël hace su parte del trabajo.

Julie considera que su marido está mucho más preparado que ella para determinar un sueldo al mismo tiempo apropiado y razonable para sus dieciséis sirvientas. Se describe como una mujer derrochadora que carece de la racionalidad necesaria para decidirlo sola. Además, durante la entrevista insiste en el hecho de que su marido es corredor de bolsa y sabe manejar las cifras mejor que ella. Al valorar a su marido y presentarlo como una figura indispensable de la gestión del hogar (paga al servicio doméstico), Julie se niega a sí misma cualquier competencia financiera. Incluso confiesa estar muy agradecida a Mickaël: con lo que ella gana como galerista, jamás podría pagar a todo el personal que trabaja en su primera residencia de Ginebra ni en sus casas de vacaciones. Procedente de un medio popular, Julie estudió arte en la universidad «como diletante» y se siente en deuda con su marido, sin el cual jamás pertenecería al círculo de nuevos ricos. Fue él quien le compró una galería y la puso en contacto con otros galeristas que se dedican al arte contemporáneo. Para ella, tener a toda esa gente a su servicio en su casa representa el enésimo «regalo» de su marido, una muestra de generosidad hacia ella: «Realmente lo hace por mi bien, me ayuda muchísimo... Si no, ¡imagínese cuánto tendría que limpiar constantemente!».

Los sociólogos que han estudiado los servicios domésticos a domicilio han demostrado que estos permiten a las mujeres delegar una parte del denominado trabajo reproductivo.[18] Como es bien sabido, las tareas del hogar y de la crianza recaen siempre en las mujeres.[19] Esa asignación a las mujeres no es innata. Se debe a normas sociales basadas en la idea de una división sexual del trabajo: a las mujeres, les corresponde el trabajo reproductivo gratuito en el hogar; a los hombres, el trabajo productivo remunerado fuera de casa. Aunque hoy en día, en todo el mundo, las mujeres luchen por su derecho a tener vida fuera del hogar,[20] si ejercen una actividad remunerada, siguen obligadas a hacer dos jornadas de trabajo en una. Las mujeres pudientes que conocí son profundamente conscientes de que su dinero (o el de su marido) les permite escapar precisamente de esa obligación. La solución para que ellas puedan liberarse del trabajo reproductivo y volcarse así en su profesión y sus aficiones es que les sirvan mujeres u hombres.*

Al principio de mi investigación, desde mi perspectiva de mujer, esas señoras me parecían extremadamente afortunadas, libres de hacer lo que se les antojara, sin una parte del cerebro ocupada constantemente pensando qué prepararían para cenar, si quedaban suficientes pañales o papel higiénico, a qué hora cerraba la farmacia, etc. Me equivocaba. Poco a poco, descubrí que el hecho de disponer de servicio doméstico no las libera por completo. Pese a estar exentas de los aspectos físicos e ingratos de ese trabajo, siguen sufriendo esa doble carga mental, mayor cuanto más numeroso sea su personal. Afirmar que el trabajo de las sirvientas libera a las señoras de todo el trabajo reproductivo sería hipócrita. Cuando recurren al servicio, sus obligaciones se desplazan. A partir de entonces, al valorar la bondad de su marido, que les «permite» tener servicio y las «ayuda» encargándose de remunerarlo, esas mujeres interiorizan el papel al que las somete su entorno social: son mujeres activas, por supuesto, pero sobre todo buenas amas de casa y buenas madres de familia. De hecho, sus competencias como madres se reflejan en su capacidad para encontrar un «buen» personal que cuide, estimule y eduque

* Unos dos tercios del servicio doméstico de los patrones que conocí está formado por mujeres.

a sus hijos. Para esas mujeres, ser una «buena madre» no significa ocuparse a tiempo completo de sus hijos, sino pasar «tiempo de calidad» con ellos. Una presión añadida a la de llevar bien la casa y gestionar al personal. Desde luego, ese «asunto de mujeres», como lo llamaba Gilles, no es un asunto menor.

La palabra «imposible» no existe

Supervisar el servicio es una tarea exigente. Clarisse, de cuarenta y tres años, madre de dos hijos, es abogada y está casada con un banquero de inversión. El día que nos reunimos por primera vez, recibe tres llamadas de su mayordomo, Lissandro, para organizar la fiesta de cumpleaños de su hija mayor. Mientras nos tomamos un café en una terraza, Lissandro está visitando la empresa de *catering*. Esa misma mañana, Clarisse y él han hecho la lista de cosas que preparar para la recepción, que tendrá lugar dentro de dos semanas. Clarisse confía plenamente en Lissandro: lleva más de diez años trabajando para ella. No es la primera vez que organizan una fiesta juntos. ¡Ya han montado decenas! Al principio, Clarisse escogía el servicio de *catering*, la decoración, cómo sentar a los invitados y el lugar de la fiesta. Ahora Lissandro ya tiene experiencia. Sin embargo, Clarisse no puede evitar participar activamente en los preparativos. «Confío ciegamente en él, pero es superior a mí, ¡me meto en todo!», me confiesa, tras darle indicaciones a Lissandro por teléfono. Entre dos llamadas, contesta un SMS de su lavandera, Mireille, que la informa de que hará falta otro mantel porque se han sumado nuevos invitados. «¡No paro!», exclama Clarisse. Reconoce que, sin Lissandro, le costaría muchísimo dar órdenes a sus otras cinco sirvientas y estar en contacto con ellas durante todo el día. «De todas formas, hago lo mínimo y, aunque sé que saben llevar la casa, me cuesta delegar.»

Al cabo de un mes, cuando volvemos a reunirnos, Clarisse me cuenta cómo fue el cumpleaños. «Estoy muy contenta, de verdad, ¡fue una fiesta preciosa!» Esta vez charlamos en su casa, en presencia de Lissandro, que guarda silencio, mientras quita el polvo de un mueble situado frente a nosotras. «A veces, le echa una mano a Sonia, cuando está desbordada», explica Clarisse. Ese día, Sonia está limpiando a fondo la casa para otra fiesta, el bautizo del sobrino de Clarisse. «¡No paramos!», dice ante mi cara de asombro al anunciarme nuevos preparativos. Le pregunto si su marido participa en la organización de todos esos eventos. Se echa a reír, igual que Lissandro, que deja de limpiar y me dice, mirándome: «¡El señor participa animando la fiesta!». Clarisse asiente con una sonrisa. «La señora de la casa soy yo, en realidad.» Más tarde, Clarisse me cuenta que se siente muy próxima a Lissandro. «Somos cómplices», susurra, como si no quisiera confesar ante Lissandro lo fundamental que es su relación para ella. Cuando nos quedamos solas, hace hincapié en lo importante que es para ella estar «bien rodeada». «No puedo contar con mi marido, no tiene ni idea de nada, no sabe hacer nada, ¡dudo de que sepa hervir pasta o cambiar la bolsa del aspirador!» Define a su marido como «nulo en organización», pero «bueno en todo lo que son mates, números y dinero». Le reprocha su timidez con el servicio, que apenas le dirija la palabra. «Les pide lo mínimo sindical, por ejemplo: "¿Podría servirme un vaso de agua, por favor?". No se atreve a decir nada más, y tampoco le interesa.» Por eso, para pautar la vida cotidiana de la familia, Clarisse elige a personas «con buenas espaldas».

Como ocuparse de las sirvientas requiere mucho tiempo y energía, las mujeres ricas son muy exigentes con ellas.

«Yo se lo digo de entrada: en mi casa, hay mucho que hacer, así que todo tiene que ir sobre ruedas, si no, ¡más vale que lo haga yo misma!», insiste Clarisse. Diez años después, todavía recuerda cómo recibió a Lissandro: «Le dije: conmigo, ¡o va bien o no va!». Una amiga suya le había enseñado a hacerse respetar por las sirvientas, a dar órdenes sin parecer odiosa, de manera que estas pudieran anticiparse a todos sus deseos incluso antes de que ella llegara a formularlos. Clarisse considera que se ha vuelto muy exigente, que «con el tiempo, cada vez dejo pasar menos cosas», como cuando riñe delante de mí, de manera suave pero muy firme, a su lavandera, que ha tendido una docena de sábanas en un rincón al fondo del jardín, reservado para colgar la ropa. Se está levantando viento, por lo que Mireille ha puesto varias pinzas para que la ropa no salga volando.

Mientras nos acercamos a ella, Clarisse tuerce el gesto. «¡Esas pinzas no son nada elegantes, Mireille!» Le explica que las pinzas desparejadas se ven desde la terraza y que son de mal gusto. «¡Nunca más, es feísimo!», insiste, irritada. Al final del paseo, Clarisse se cruza con Lissandro y le ordena que pida a Fadela, la sirvienta encargada de las compras de la casa, que apunte en la lista pinzas para la ropa «de color verde, como el césped. ¡Por lo menos ciento cincuenta!», grita, haciendo ademán de levantar una bolsa grande. Yo la sigo, con un cuaderno en una mano y una grabadora en la otra, intentando esconderme detrás de ella, incómoda ante su ira. Me conduce hasta la cocina, levanta uno de los vasos de agua que nos han preparado, lo examina y, con un dedo, quita uno de los cubitos de hielo. «¡Me pregunto si algún día va a entender que quiero dos cubitos, no tres!», se indigna Clarisse, refiriéndose a Fadela. Molesta, se sienta en uno de los taburetes de la barra de la cocina, me clava la mirada y, como si quisiera zanjar todas esas escenas, declara: «Le aseguro que no es nada fácil gestionar a diario este pequeño mundo».

Las exigencias de Clarissse pueden parecer detalles insignificantes o caprichos de rica. Las propias sirvientas confiesan a veces que no comprenden los «delirios» de sus señores. Sin embargo, si quieren conservar su puesto, no tienen más opción que satisfacerlos. Con todo, el hecho de fijarse en el color de las pinzas para la ropa o el número de cubitos de hielo o de contar con un «guarda de los rosales» no son «delirios» aislados. Esas pretensiones marcan la distancia social que separa a los ricos de su servicio doméstico y la dominación de los primeros sobre los segundos. Con Soraya, que trabaja de mayordoma para una familia de milmillonarios estadounidenses en Mónaco, nos divertimos haciendo una lista de los deseos más descabellados que ha conocido en casa de sus diferentes patrones y de los que yo he ido recopilando a lo largo de mi investigación. Me reúno con esa mujer francotunecina durante su fin de semana de vacaciones, que pasa cerca de Montpellier. Sentadas en sendas toallas de playa, no dejamos de charlar. Querer asistir a un concierto de una estrella mundial en el Estadio de Francia y conseguir entradas en los palcos vip una hora antes de que empiece (aunque las entradas estén agotadas desde hace un mes). Desayunar un revuelto de dos huevos y medio, cocidos durante doce segundos exactos. Dormirse todas las noches contemplando unos fuegos artificiales a través de la ventana que da al jardín. Que le den las gracias cuando se dirige a sus sirvientas (incluso para dar una orden) con la fórmula «Le agradezco, queridísima señora, que me haga el honor de dirigirme la palabra». Que lo despierten con una nana cantada en canon por dos sirvientas. Sentarse a una mesa donde el espacio entre los cubiertos se haya medido al milímetro, con una regla. Que le sequen las manos y la boca después de cada plato, con una servilleta muy blanca, que huela a una lejía concebida para bebés. La lista es larga. Para Soraya, los ricos son insaciables y «siempre quieren más». Ellos mismos lo reconocen, y precisamente porque tienen necesidades infinitas, necesitan sirvientas que las satisfagan. Están en juego su tiempo y su reputación, porque de ello dependen su rango y todo lo que les permite mantener su posición de poder. No obstante, habida cuenta de que las sirvientas son tan indispensables para convertirse en, ser y seguir siendo una gran fortuna poderosa, respetada y admirada, a gusto consigo misma y con su cuerpo, los patrones deben encontrar a las mejores. Y eso tampoco es un asunto menor.

3

Un buen partido

Llevamos una hora y media conversando en la terraza de un café. Amor, una sirvienta filipina de treinta y dos años, me cuenta en tiempo real sus intercambios de SMS con su señora, que vive a pocas calles del café. En una hora y media, ha recibido casi diez mensajes. «Cada día es así», explica con un tono entre resignado e irritado. Su patrona está al corriente de nuestra entrevista, pero sus SMS no pretenden vigilar a Amor a distancia. «Ya estoy acostumbrada», confiesa Amor, suspirando, al recibir el undécimo SMS, al que contesta, como a todos los anteriores, con un «Entendido, señora».

Desde hace tres años, Amor trabaja para esa aristócrata y su marido, en una casa inmensa de Yvelines. Amor sabe qué debe hacer exactamente hora a hora, minuto a minuto, para satisfacer a su señora. La conoce tanto que hasta puede adelantarse a sus SMS, que contienen directrices, sobre todo. Por ejemplo, el undécimo SMS que recibe Amor durante nuestra conversación dice: «El sr. y la sra. C. vienen hoy a tomar el té. Cuidado nada de fresas por alergia!!!». Mientras me tiende su móvil, Amor lo comenta: «Ya sé que hoy vienen a tomar el té desde hace dos días, y también sé que son alérgicos a las fresas». Entonces, ¿por qué su patrona se obstina en recordárselo? «No consigue dejarse llevar. Siempre tiene que gestionarlo todo; en el fondo, no quiere delegar», asegura Amor.

A pesar de todo, Amor no alberga duda alguna de la confianza que tiene en ella su señora. La prueba es que, tres años atrás, pasó con éxito todas las pruebas de selección para sustituir a su antigua y única sirvienta, que se jubiló. «¡No es fácil ser la siguiente después de treinta años de servicio!», comenta. Su patrona hizo todo lo posible para que Amor se asemejara a su predecesora. Con el objetivo de asegurarse de que escogía a la persona indicada, le exigió dos entrevistas de trabajo, una reunión con la antigua sirvienta y dos días de prueba para comprobar la resistencia de Amor. Su programa: llegar a las cinco de la madrugada, preparar el desayuno, limpiar la cocina, los salones y los dormitorios, ir a comprar el pan, limpiar la cocina de nuevo, hacer las compras, quitar el polvo de la biblioteca, limpiar los electrodomésticos y planchar, elaborar una tarta de ciruelas «exprés» para la hora del té con unos invitados imprevistos, servir la merienda, limpiar el salón una vez que se han marchado los invitados, cocinar la cena, servirla en el salón, recoger la cocina, ordenar, hacer el dobladillo de unos pantalones y coser botones cuando los señores se acuestan. «Así suele ser una jornada de trabajo en casa de la señora, de cinco de la madrugada a medianoche, más o menos.» Durante el primer día de prueba, Amor debía actuar como si fuera su trabajo de verdad. «Los invitados de última hora eran unos amigos de la señora, cómplices suyos, que también me evaluaban», recuerda Amor. Todo lo que preparó, desde el zumo de naranja que exprimió por la mañana (manualmente) hasta la tarta, pasando por la infusión del té y la ensalada de aguacates, lo cataron con detenimiento. Por suerte, Amor estaba bien preparada para la prueba. Su prima y sus dos hermanas también son sirvientas en casas de ricos. Por su parte, lleva trece años ejerciendo la profesión. Además, se informó, «escarbó» antes de pasar las diferentes pruebas de selección. Otras sirvientas del barrio que conocen bien al matrimonio le contaron sus gustos y sus «pequeñas manías».

La fuerza de la red

Para las sirvientas que, como Amor, buscan trabajo al servicio de ricos, su círculo social resulta fundamental. A través de amigos o de familia que tratan con grandes fortunas por razones profesionales —como vendedores, conserjes, camareros, vigilantes o sirvientas—, están al corriente de nuevas oportunidades. A menudo, esas personas recurren a una red migratoria de contratación: para buscar trabajo, las sirvientas acuden a personas procedentes de su país, que han tejido redes en un sector profesional determinado. Las redes de trabajadores inmigrantes o de inmigrantes de segunda generación acostumbran a estar bien organizadas. En el sector del servicio doméstico, la red de inmigrantes filipinas que ayudó a Amor está muy establecida en Francia y en otros países asiáticos, de Oriente Medio y de América del Norte.[1] De hecho, el gobierno filipino contribuye a ello, organizando la emigración de decena de miles de mujeres formadas para el servicio doméstico,[2] que se marchan a trabajar al extranjero para familias particulares porque así ganan más que ejerciendo de enfermeras o de maestras en su país. Esas migraciones generan enormes flujos de dinero que esas mujeres envían a su familia, que permanece en Filipinas.

Ese es el caso de Amor. En los trece años que lleva en Francia, ni un solo mes ha dejado de mandar dinero a sus padres. A diferencia de muchas de sus amigas filipinas que trabajan en París, no tiene hijos ni marido. Una carga menos, según ella, dado que ya tiene muchos quebraderos de cabeza con sus padres. Su padre padece una grave enfermedad autoinmune y ella sueña con que algún día pueda mudarse a Francia para cuidarlo y que le traten en hospitales que considera mejores que los de Manila. El dinero que no envía a sus padres lo guarda como oro en paño en una caja de metal que tiene escondida en su cuarto, en casa de sus patrones, como le aconsejó su amiga Trisha, cuando Amor llegó a Francia. Trisha es, al mismo tiempo, su amiga, su hermana y su *coach*, como dice ella, su «punto de referencia» en Francia. Amor salió de Filipinas con un visado, pero no acudió a una agencia de colocación* para encontrar trabajo en Francia.[3] Su agencia, como le gusta contar, es Trisha, una amiga de la infancia que se marchó a trabajar a Dubái para una familia francesa expatriada y que, más adelante, se instaló en Francia. Fue ella quien organizó la primera entrevista de trabajo de Amor, en el distrito XVI de París, pocos días después de su llegada a Francia. Fue ella también quien le indicó cómo vestirse, cómo comportarse, qué contestar a las preguntas que suelen hacer las señoras, qué sueldo aceptar. Fue ella, por último, quien le aconsejó que negociara poder descansar los domingos, día en que las filipinas del barrio van juntas a misa. Sin Trisha, Amor cree que no habría sabido arreglárselas, sola en ese país desconocido que era Francia para ella, cuya lengua no dominaba. Además, habrían abusado de ella: «Podrían haberme secuestrado y entonces habría acabado siendo una

* En Filipinas o en Indonesia, cada vez hay más agencias de colocación de empleadas del hogar en el extranjero que gestionan la migración de trabajadoras, de manera más o menos legal.

esclava a la que apenas dan de comer». Trisha le contó historias de lo más sórdidas de sirvientas filipinas explotadas en Dubái. En el servicio doméstico, al igual que en otros sectores, como la construcción, en dicha ciudad trabajan miles de extranjeros en condiciones infrahumanas, tanto para europeos y americanos expatriados como para emiratíes.[4] No obstante, Amor ha descubierto que en ocasiones también sucede en Francia. De vez en cuando, la prensa se hace eco de escándalos, como el de las sirvientas filipinas que, en 2019, denunciaron los malos tratos que les infligía un miembro de la familia real saudí instalado en Francia.* Por su parte, el Comité contra la Esclavitud Moderna ha constatado que el servicio doméstico es uno de los sectores profesionales en los que más abundan las situaciones de explotación. Por mi parte, he oído hablar de numerosas situaciones parecidas, que siguen produciéndose en secreto en los barrios de lujo, y que las sirvientas no se atreven a denunciar. Amor asegura que «no se desconfía tanto de los franceses blancos, pero hacen lo mismo».

Si las sirvientas usan su red de contactos, es para encontrar trabajo rápidamente, pero no a cualquier precio. Mal que bien, intentan filtrar las ofertas de empleo. Al igual que Amor, a menudo cuentan con una o dos personas de referencia, con alguna persona de plena confianza que criba las pistas. Su objetivo es encontrar un buen puesto. Definir en qué consiste un buen puesto es bastante subjetivo y además depende de la experiencia profesional de las sirvientas. Cuando aterrizó en Francia, Amor no albergaba grandes expectativas: para ella, lo importante era ganar al menos 1.000 euros mensuales más la comida y el alojamiento.

* Desde que el juzgado de Nanterre abrió el expediente, se han registrado un total de siete denuncias contra ese príncipe.

Hoy en día, sus exigencias ya no son las mismas: desea un sueldo de al menos 3.000 euros sin incentivos, cuatro días de descanso al mes y un billete de avión de ida y vuelta cada dos años para ir de visita a Filipinas. A medida que las sirvientas adquieren experiencia, su red de contactos con los ricos se amplía, cobran consciencia del derecho laboral francés y conversan con otras empleadas domésticas, sus expectativas aumentan. Como se siente más preparada para negociar sus condiciones de trabajo, Amor ya no teme formular sus peticiones en una entrevista. A malas, con la ayuda de Trisha y de todas sus amigas sirvientas, si no la eligen a ella, enseguida encontrará otras oportunidades.

Para encontrar un buen puesto, es fundamental estar rodeada de gente que trabaja para los ricos o bien los frecuenta y los conoce. Las criadas no solo aprenden códigos indispensables para superar las entrevistas de trabajo, sino que acceden a información sobre las vacantes por el boca a boca. Tanto en las tiendas de proximidad como en algunas páginas de internet se pueden encontrar anuncios breves. No obstante, las sirvientas y las señoras apenas usan internet para eso, salvo si los anuncios están filtrados. Por ejemplo, conseguí trabajo en casa de Margaret y Philippe por un anuncio publicado en una página de venta de objetos y de servicios a domicilio. Para apuntarme en esa web, tuvieron que apadrinarme dos señoras acaudaladas que había conocido durante mi investigación, que supuestamente debían atestiguar ante una comunidad cerrada de internautas que soy una persona de confianza. Sin embargo, ese sistema de filtraje en internet muestra sus costuras a medida que la comunidad crece: varios miembros se lamentan regularmente de que allí te puedes encontrar «a cualquiera». Por lo demás, los anuncios nunca especifican cómo comportarse frente a los patrones, mientras que, entre sirvientas, se cuenta todo. A escala de barrio, de edificio o incluso de ciudad, los patrones tienen una reputación construida, cultivada y difundida por los sirvientes. Para encontrar a buenos señores, pues, más vale salir a pescar buena información. Aquellos patrones que pagan mal, que no conceden vacaciones, que se muestran coléricos y caprichosos acaban siendo identificados con esmero precisamente para evitarlos. Las sirvientas se previenen y se ayudan las unas a las otras con el objetivo de encontrar el puesto que más les convenga. «Cuando nos encontramos en una tienda, hablamos por los codos y cotilleamos, ¡un auténtico complot!», bromea Soraya en una de nuestras entrevistas.

Sin embargo, por muy eficaz que sea el boca a boca entre sirvientas para colocarse, no tiene nada de «complot». Las sirvientas no forman un grupo social homogéneo y solidario, unido contra los patrones. De hecho, a menudo encuentran un buen puesto gracias a sus patrones. Trisha, con quien conversé varias veces en el barrio donde trabajan ella y Amor, «se entera» —en sus propias palabras— de ofertas de trabajo a través de su patrona. Las dos mujeres tienen una gran complicidad, se pasan horas y horas conversando, especialmente cuando Trisha le hace la manicura y la pedicura. «Es una señora mayor que está viuda desde hace años, sin hijos, y le encanta que la mime.» La señora de Trisha le cuenta todos los chismes del barrio, empezando por los que atañen a sus amigas ricas. «Varios meses antes de que se sepa, yo ya sé quién se va a divorciar de quién, quién va a invertir y dónde, lo sé todo», asegura Trisha, orgullosa de ser la confidente de su patrona. Aunque se guarda para sí muchos secretos, otros los comparte con sus hermanas, que trabajan de sirvientas en la Costa Azul, o con amigas a quienes considera de fiar, como Amor. «La señora ya sabe que cuento algunas cosas. Pero sabe que solo se las cuento a personas que no las contarán jamás de los jamases. Y que las cosas realmente secretas me las quedo para mí.» Cuando su patrona se entera de que alguien busca una sirvienta, se lo dice a Trisha. Y Trisha enseguida describe el puesto a las candidatas interesadas. «Si la señora quiere ayudar a alguna de sus amigas, me dice: "¿Sabes, Trisha?, los D. están buscando una lavandera. Los D. pagan muy bien". Me explica todas las virtudes de esa gente. Y entonces yo difundo el puesto entre mis contractos.» Trisha se atreve a pedir a su señora más detalles sobre lo que buscan sus amigas y qué les parece indispensable. «Si alguien busca un chófer de al menos un metro ochenta de altura, más vale saberlo, así puedo filtrar», asegura Trisha. Una vez, la mejor amiga de su señora buscaba un chófer suficientemente alto como para desbloquear la parte superior de la puerta del garaje cuando se atasca. Trisha le propuso el puesto al marido filipino de una señora de la limpieza del barrio, que acababa de llegar a Francia. «¡Era el único filipino alto que he conocido en toda mi vida!», se exclama, riéndose. «Además, normalmente, en este barrio, los chóferes son negros o árabes», prosigue, señalando un hecho.[5]

En busca de la perla rara

Al igual que el mercado matrimonial, el del servicio doméstico se rige por un ideal de relación larga.[6] Sea a través del boca a boca o de manera más marginal, por anuncios breves en la prensa o en internet, tanto las patronas como las sirvientas buscan el buen partido, es decir, la persona con la que puedan construir una relación duradera. Su encuentro se asemeja a un juego de seducción, en que una y otra hacen gala de sus cualidades, con el fin de convertirse en la afortunada elegida. Sin embargo, no es un juego en igualdad de condiciones: todo el mundo sabe que la seducción, sobre todo, es por parte de las sirvientas. Desde luego, existen sirvientas buscadísimas, como el cocinero Solal, pero, según los ricos, no abundan. De manera que se permiten elegir y buscan «la perla rara». Las sirvientas, por su parte, hacen todo lo posible por corresponder a los deseos de los ricos.

Esa perla rara, que está en boca de todas las grandes fortunas, debe tener numerosas cualidades. En primer lugar, debe ser sumamente competente en su ámbito. Un cocinero debe saber cocinar (al gusto de sus señores), una lavandera debe saber lavar la ropa a la perfección y conservar los diferentes tejidos, una *nanny* debe conocer todo un abanico de actividades para entretener a los niños y dominar el abecé de los primeros auxilios, mientras que una empleada del hogar polivalente debe ser capaz de llevar a cabo numerosas tareas en un tiempo récord. La perla rara es una sirvienta que conoce al detalle a sus patrones: sus horarios, sus costumbres, sus filias y sus fobias. La sirvienta ideal sabe satisfacer al instante todos sus deseos, hasta los más descabellados, y sabe anticipar sus expectativas incluso sin haber sido formuladas. Asimismo, la perla rara debe tener un comportamiento ejemplar: debe mostrarse sonriente, discreta y silenciosa, pero siempre presente. Debe saber guardar silencio y tomar la palabra en los momentos oportunos, no inmiscuirse en lo que no le incumbe, sin dejar de estar pendiente de las preocupaciones de sus patrones, pero sin que se note. Debe ser educada, tener empatía, cualidades humanas y morales. Por último, y por encima de todo, la perla rara debe ser fiel a sus patrones y consagrase a ellos por completo. Debe inspirarles una gran confianza y estar dispuesta a sacrificarlo todo por ellos. Y, como broche, debe ser agradable a la vista, pero sin llamar demasiado la atención. Al igual que en otras profesiones del ámbito del servicio y la representación, debe sonreír, sobre todo si es una mujer.[7]

Todo eso es mucho. Las mujeres acaudaladas, que se encargan de reclutar al personal doméstico, organizan entrevistas de trabajo y días de prueba con el fin de asegurarse de que han encontrado a la persona indicada. A fin de cuentas, su cotidianidad, en su vertiente más rutinaria e íntima, no debe estar en manos de cualquiera. Las patronas quieren una persona segura, eficaz, que sepa guardar secretos, dócil y que se comprometa con un trabajo a largo plazo. Las sirvientas mejor informadas lo saben perfectamente, de modo que en las entrevistas adaptan su actitud a las patronas y escenifican su pasión por servir.[8]

Eso mismo hace Anaïs el día de una entrevista de trabajo a la que la acompaño en el distrito XVI de París. Durante una hora larga, la espero en un parque situado al final de la calle del palacete particular donde tiene lugar la cita, que consiguió una semana y media antes, a través de una amiga que trabaja en el barrio. Los patrones en cuestión andan buscando una nueva mayordoma. Anaïs, que vive en Gironda, enseguida me informó de que «subía» a París para la entrevista, en la que ha depositado muchas esperanzas. Hace más de un año que somos amigas. Nos conocimos en un cursillo intensivo en el que se aprende a servir a los ricos. Yo también hice ese cursillo de dos semanas en un castillo propiedad de una de las formadoras, una aristócrata apasionada por «el arte del servicio a la francesa». Como el objetivo era experimentar la vida real de una sirvienta, las alumnas y las formadoras —yo incluida— dormíamos, comíamos y vivíamos juntas sin interrupción. Durante la tarde y una parte de la noche, dedicaba varias horas a hacer entrevistas y a debatir con las otras alumnas. Entablé una gran amistad con la mayoría de ellas, entre las cuales figura Anaïs, que siempre me mantiene al corriente de sus novedades profesionales.

Ese día, pues, voy a recogerla a la estación a primera hora de la mañana. Anaïs lleva su «mejor blusa» de seda blanca, unos pendientes de perla discretos, un poco de maquillaje, muy natural, zapatos planos y unos pantalones de terciopelo negro. «Voy elegante, ¿verdad?», me pregunta nada más bajar del tren. Elegante, pero no demasiado, porque domina por completo los códigos estéticos y los gustos del medio en el que desea trabajar, tras varios años en el sector de la moda de lujo y dos experiencias laborales como mayordoma de familias muy ricas, y gracias también a la formación en la que perfeccionó sus conocimientos. Ese día, pues, se ha esmerado en parecer a la vez elegante, discreta y educada, en «actuar como una niña calmada y dócil».

Cuando Anaïs sale de la entrevista, nos sentamos en un parque de otro distrito para que me cuente cómo le ha ido.

—*Supongo que habrás puesto toda la carne en el asador...*

—¡Pues sí! ¡Cómo me conoces! No quería meter la pata, así que he hecho todo lo posible por demostrar que estaba motivada. Estaba dispuesta a todo.

—*¿Es decir?*

—La señora me ha preguntado si no me importaría dormir alguna vez en la habitación de invitados, cuando su hermana está de visita, bueno, cambiar de habitación, porque ya no recuerdo qué explicación me ha dado... Y he contestado: «Por supuesto que no, ningún problema». Luego me ha dicho que a veces tendría que quedarme los domingos, porque los domingos celebran comidas familiares, cumpleaños, de manera que alguien tiene que supervisar a las demás, y entonces, antes de que continuara dándome argumentos, le he dicho: «Cuente conmigo». Y después me ha enseñado el salón y me ha dicho: «Bueno, como ve, es bastante grande y a veces a Mélanie (que es el nombre de la encargada de la limpieza y de la ropa en el palacete) no le da tiempo a limpiarlo cuando hay mucha gente o vienen mis nietos y se acumula la ropa y tiene que hacer las habitaciones, entonces usted también tendrá que ayudar con las tareas de limpieza...». En ese momento, te lo juro, le habría dicho que era un puesto de mayordoma y que, bueno, se suponía que no tenía que limpiar, pero, de todas formas, ya te imaginas qué le he dicho, claro: «Ningún problema, estoy acostumbrada, en mi antiguo trabajo, yo sola me encargaba de 900 m2...», lo cual es verdad, ya lo sabes, aunque no le he contado que tuve que pedirme una baja por enfermedad y luego dejé aquella familia precisamente por eso, porque hacía el trabajo de dos... En fin, que he hecho todo lo posible por demostrar que estaba realmente motivada.

—*¿Y crees que le ha gustado?*

—Sí, creo que sí. Bueno, me lo ha parecido, pero luego ya se verá... Al menos he puesto toda la carne en el asador. Cuando me ha preguntado qué me gustaba de mi trabajo, creo que he respondido bien: le he dicho que me gustaba complacer a los demás, que me gustaba servir, que en mi casa desde muy pequeña cocinaba para mis padres cuando estaban cansados y que les hacía un montón de sorpresas. Ella me ha dicho: «Eso está bien, su trabajo es su profesión». De manera que espero que realmente se lo haya creído todo.

Anaïs ha interpretado el papel que esperaba la patrona: su trabajo debe parecer una pasión y, por tanto, una actividad desinteresada, al margen de cualquier retribución económica. Implícitamente, está prohibido hablar de dinero durante esa primera entrevista. Anaïs sabe que, en ese barrio, las mayordomas cobran unos 3.500 euros netos mensuales. Pero de momento no debe pedir nada. El sueldo se discutirá (o no) más tarde, si la patrona vuelve a convocarla. Mientras tanto, Anaïs demuestra que sus servicios son un verdadero regalo y que está dispuesta a hacer sacrificios: dormir con los niños, trabajar los domingos, no tomarse vacaciones para acompañar a la familia en sus viajes. Anaïs sabe resaltar el carácter vocacional, sacrificial y pasional de su profesión, escenificándolo frente a la patrona con el propósito de seducirla, y que está dispuesta a todo, «¡incluso a darle *foie-gras* al perro en Navidad, como me ha pedido!», se exclama, riéndose. Tres días después de la entrevista, la señora vuelve a llamar a Anaïs para comunicarle que se ha ganado el puesto.

El servicio doméstico forma parte de las profesiones en que la pasión y la vocación desempeñan un papel fundamental, como demuestra la manera en que las sirvientas se presentan a las grandes fortunas. Durante la entrevista de trabajo, las sirvientas acostumbran a mostrarse muy reservadas sobre su vida. Poquísimas patronas conocen la trayectoria de sus subordinadas. Sin embargo, estas suelen mencionar ciertos hechos para transmitir que siempre han estado destinadas a servir, que les entusiasma desde la infancia, que «están hechas para eso» porque es parte de su «naturaleza». Anaïs subraya que siempre ha servido a sus padres. Entre las criadas extranjeras o de familias de inmigrantes, muchas son hijas de sirvientas o durante la infancia tuvieron que ocuparse de los demás en una familia numerosa. Su propósito es demostrar a las grandes fortunas que, para ellas, servir es algo innato. Algo parecido a lo que hacen los bailarines en las audiciones para integrarse en una compañía: explican a los coreógrafos que están dispuestos a agotarse físicamente por la danza, que es su vocación.[9] En ese ámbito, la danza se considera una pasión, una profesión incomparable. La *illusio* del servicio doméstico también se basa en esa retórica. Las grandes fortunas pretenden que sus empleadas sean apasionadas, que no sirvan por dinero, sino por placer y entrega.

Ese no es el primer trabajo de Anaïs en el sector del servicio doméstico. Domina perfectamente las reglas de la seducción que se despliegan ante las grandes fortunas. Sabe que debe creer y hacer creer que le apasiona ser mayordoma. También sabe que esas reglas son sutiles. A pesar de haber demostrado que está dispuesta a todo por conseguir ese puesto, me explica lo importante que es no suplicar jamás que la contraten. Hacía exactamente lo mismo con los clientes de la tienda de ropa de lujo: alababa las virtudes de un vestido, pero daba a entender que, en cualquier caso, lo compraría otra persona. «Hay que dejar que te deseen, hay que dejar que piensen que su vecina se te quedará como mayordoma y que entonces será demasiado tarde», comenta. Al final de la entrevista, Anaïs no vacila al asegurar que, en realidad, está muy solicitada y que no tardarán en contratarla. Eso también es ser una perla rara.

Descifrar los cuerpos

Anaïs nunca me ha hablado espontáneamente de su currículum. Una vez se lo pedí por teléfono y me lo envió por correo electrónico, acompañado de este mensaje: «No es muy bonito, pero para lo que lo uso...». En efecto, el documento no tenía ningún formato especial. De hecho, ni siquiera estaba actualizado. Supuse entonces que apenas lo usaba. Para numerosos empleos asalariados, el *curriculum vitae* es una herramienta indispensable de objetivación de las competencias y del valor del candidato al empleo,[10] pero en el servicio doméstico tiene un papel marginal. Todas las sirvientas especializadas que aspiran a puestos altos disponen de un currículum, en el que enumeran sus puestos anteriores y, si se da el caso, su formación y sus titulaciones. El resto de las sirvientas no tienen currículum. Por lo demás, las empleadoras raras veces se lo exigen y los títulos apenas cuentan. En cambio, la experiencia es muy importante, pero no se comprueba en papel. Las empleadoras prefieren llamar a las antiguas patronas de la candidata, además de evaluarla en la práctica. El cara a cara entre patronas y candidatas resulta fundamental para que las primeras aprecien las cualidades de las segundas. Todo sucede a través del cuerpo, por paradójico que pueda parecer, habida cuenta de que no se trata de un trabajo que se base en la exhibición del cuerpo, como el de una azafata[11] o una modelo,[12] en que se elige a las mujeres según un ideal de belleza muy estereotipado. Sin embargo, incluso en las profesiones en las que la selección del personal no es explícitamente por criterios corporales, el cuerpo cuenta. Al estudiar la inserción laboral de estudiantes de administración y dirección de empresas, la socióloga Oumaya Hidri subraya su voluntad de labrarse una apariencia que denomina contratable. Los chicos y las chicas jóvenes trabajan mucho su cuerpo por medio del deporte y de la dieta, con el fin de encajar en la imagen que se han formado de los directivos.[13] Para las sirvientas, el cuerpo también es un factor de selección esencial y explícito.

Ni un atisbo de decoro en las palabras de las ricas que buscan sirvientas: las patronas se creen con derecho a explicitar sin tapujos sus expectativas en términos corporales y aseguran que pueden detectar cualidades morales simplemente examinando el físico de las candidatas. Por ejemplo, algunas distinguen la falta de honradez en el rostro, los gestos, los movimientos o la ropa de las mujeres. Cuando le pido a Séverine, una francosuiza de sesenta años, ama de casa casada con un diplomático riquísimo, que me describa qué considera un obstáculo para la confianza, me contesta lo siguiente:

—Le pondré un ejemplo. Hace dos años, antes de que encontrara a Malika, recibí a una mujer, una filipina que me había recomendado mi prima, que vive en Dubái. Hicimos venir a la filipina aquí, bueno, fue bastante complicado, pero tenemos algunos contactos muy influyentes allí que nos ayudaron.

—*¿Por qué vino? ¿Ya la había contratado usted, entonces?*

—¡No! ¿Cómo se le ocurre? No, precisamente hacía falta que hiciera un viaje relámpago para que nos conociéramos. La acogimos una noche y se fue al día siguiente, de manera que pude conversar con ella varias veces. Era una mujer muy correcta, muy piadosa. Tenía una expresión honrada, agachaba la mirada por modestia cuando le hablaba, algo que aprecié mucho. Bueno, al principio, porque enseguida desconfié de ella.

—*¿De verdad? ¿Por qué razones?*

—Pasaba mucho tiempo al teléfono, como si estuviera informando a alguien... Y, sobre todo, era seductora.

—*¿Seductora?*

—¿Sabe?, entre usted y yo, las mujeres apreciamos a nuestros maridos. [*Baja la voz.*] Enseguida vemos si las criadas son seductoras, se les ve en la cara, por los modales, por su manera de... menearse. Al día siguiente por la mañana, poco después de la hora del desayuno, llegó al salón con un pintalabios muy rojo. Y no sé por qué, se había puesto una blusa que le resaltaba el escote. ¡La verdad es que eso no lo soporto! Entonces todas mis esperanzas se fueron al traste, pensé: de hecho, es una chica mala, va a hacer destrozos. No siempre es fácil hacerse respetar por el personal, así que si detectas antes al personal deshonesto y vicioso, siempre es mejor. Preferí decir que no.

La prima de Séverine forma parte de las expatriadas francesas en Dubái que gozan de numerosos privilegios ligados a su pasaporte «occidental», como disponer de sirvientas a bajo precio.[14] A pesar del filtraje llevado a cabo por una persona de confianza, Séverine quiso ver ella misma a la candidata y, gracias a sus relaciones diplomáticas, le organizó un viaje de dos días a Francia. Durante esos dos días, toda su atención se fija en el cuerpo de la filipina. De hecho, precisamente porque desea contratar a una mujer, presta el doble de atención a su cuerpo y a las cualidades morales que en teoría refleja. Cuando las patronas seleccionan a hombres, aseguran que pueden percibir si es de confianza solo por su rostro. Por el contrario, en el caso de las mujeres, todo su cuerpo resulta elocuente. Las patronas examinan con detenimiento los atributos corporales (la forma del cuerpo, por ejemplo) y el *hexis* de las candidatas, es decir, su manera de mover el cuerpo y de vestirse. La sonrisa, el maquillaje, la ropa y la forma del cuerpo de la sirvienta están muy presentes en las palabras de Séverine, que interpreta como señales de la poca honradez y fiabilidad de la candidata filipina. Séverine incluso confiesa su temor a que esta le haga sombra como mujer seductora. Se trata de un miedo recurrente entre las patronas, que no ocultan su temor a que sus maridos sean sensibles a los encantos de las sirvientas.

La seducción y el adulterio entre «señores» y «criadas» constituyen un tema habitual de la literatura y del cine, que manifiesta las fantasías burguesas del presente y del pasado.[15] En la película *Madame*,* una patrona de una acaudalada familia estadounidense que vive en París en el siglo XXI obliga a una de sus sirvientas a disfrazarse de burguesa, al darse cuenta de que en una cena habrá trece comensales en la mesa. La sirvienta acaba adoptando ese papel y despierta los celos de su señora. En general, las patronas no aprueban que sus sirvientas tengan un aspecto demasiado sofisticado: en las entrevistas, muchas señoras me contaron que tuvieron que lidiar con alguna candidata «provocadora», «seductora» o incluso «demasiado atractiva». El juicio de la belleza de las candidatas es ambivalente: deben mostrar seguridad en sí mismas y tener un aspecto impoluto, pero no sexualizado.

Cuando las patronas juzgan el aspecto seductor de una candidata, ante todo expresan su desprecio de clase por los estratos populares.[16] Al ponerse pintalabios rojo, tacones altos y ropa entallada, las sirvientas que en realidad no dominan el buen gusto burgués creen acertar. A fuerza de fracasos en las entrevistas, de observaciones por parte de las patronas y de consejos de sirvientas más experimentadas que ellas, acaban comprendiendo que la definición de la elegancia está determinada socialmente.[17] Para complacer a las grandes fortunas, hay que vestirse con sencillez, sin artificios. Las sirvientas que consiguen seducir dominan a la perfección el espacio social de los gustos.[18] Saben que, entre las familias de rancio abolengo, el servicio doméstico debe vestir con sobriedad para considerarse elegante. También saben que los gustos no son idénticos entre todas las grandes fortunas. Anaïs trabajó

* Película dirigida por Amanda Sthers, y cuyo estreno tuvo lugar el año 2017.

para una familia de nuevos ricos milmillonarios que, en varias ocasiones, le pidieron que se vistiera de manera extravagante para servirles en fiestas temáticas. Se trata de algo inconcebible entre los aristócratas: únicamente el color de la camisa o del chaleco puede salir de la regla en ocasiones muy contadas, pero siempre siguen siendo de tonos oscuros o pastel. «¡Nada de fluorescentes ni de lentejuelas con esa clase de patronas!»

Una cuestión de raza

El cuerpo de las sirvientas está sometido a la valoración de los ricos, como si revelara sus cualidades morales y sus competencias. La vestimenta, la mirada y los movimientos tienen un papel destacado, pero lo que resulta determinante en la valoración de las candidatas por parte de las grandes fortunas es su raza. En sociología, hablar de raza no presupone ningún fundamento biológico.[19] De hecho, todo lo contrario: en el transcurso de sus investigaciones, los sociólogos han constatado que los individuos asignan comportamientos, cualidades o defectos a ciertas nacionalidades, colores de piel, orígenes migratorios o incluso acentos. De ello emanan estereotipos racistas, que tienen un efecto real y directo en las prácticas. Por ejemplos, durante su investigación sobre los trabajadores de la construcción en Francia, Nicolas Jounin observó una esencialización sistemática de sus cualidades y defectos por parte de los seleccionadores de personal de las agencias que los contratan: por ejemplo, como los obreros negros se consideran más robustos que los demás, los destinan a puestos más exigentes físicamente.[20] En el servicio doméstico, la asignación racial de las cualidades de las sirvientas es una práctica habitual en los procesos de selección. Resulta de lo más normal que una patrona diga que busca una sirvienta filipina, negra o árabe, que no le gustan las chinas o incluso que no quiere por nada del mundo a una musulmana en su casa. Los estereotipos racistas sobre las sirvientas inmigrantes circulan sin el menor tabú. Durante las entrevistas, escuché tantas veces esos estereotipos que llegó un punto en que ya ni siquiera me sorprendía que las ricas describieran a las árabes como «buenas cocineras» o a las marfileñas como «buenas niñeras». Esos clichés se convierten en supuestas verdades que discriminan a las sirvientas entre ellas. Guillemette, una pintora y escultora francobritánica de unos cincuenta años, exmujer de un banquero muy opulento, se refirió a ello al contarme una entrevista de trabajo que le hizo a una mujer de Costa de Marfil llamada Awa:

> —También se presentó Awa, me acuerdo perfectamente, fue la última a la que recibí, durante una hora y media larga. Bueno, Awa era una negra muy corpulenta, cosa que me gustó.
>
> —*¿Por qué?*
>
> —Porque enseguida me di cuenta de que podía ser positivo. Esas mujeres son muy robustas, ¿sabe?, nunca se cansan. Yo estaba acostumbrada a las argelinas, como le decía, pero mi vecina tenía negras y, francamente, no están nada mal. Bueno, hay que seleccionarlas, claro, porque muchas son bastante perezosas.
>
> —*¿Y no era el caso de Awa?*
>
> —No, lo vi enseguida. Para empezar, cuando entró en el salón, se mantuvo bien recta, sin los brazos caídos, con la mirada fija, parecía muy decidida... cosa que me gustó, pensé: bueno, empezamos bien.
>
> —*¿Y qué le preguntó?*

—Vi que sonreía, pero tuvo el ceño fruncido durante toda la entrevista, se veía a la legua que no era tonta, que entendía lo que yo le decía. Fuimos a la despensa, detrás de la cocina, y le pedí que moviera una caja muy grande y pesada, para ponerla a prueba, y no se quejó, ¡agarró la caja con los brazos así! [*La imita.*] Ni se inmutó, ¡fue increíble! Bueno, eso me convenció, me pareció que podría ser eficaz. Eso sí, tiene un acento espantoso, porque es de... de allí, bueno, de... bueno, tiene un acento un poco raro, pero pensé que no era grave, a fin de cuentas, no tendría que ayudar con los deberes escolares.

En su libro acerca de las cuidadoras infantiles en París, Caroline Ibos subraya las cualidades esencializadas de las niñeras marfileñas que les atribuyen las patronas, como el «calor» y la maternidad.[21] Por su parte, Guillemette juzga las competencias de Awa a partir de las cualidades y los defectos que atribuye a las mujeres negras. Establece una relación muy clara entre el acento de Awa, su color de piel, su nacionalidad marfileña, su supuesta fuerza física y su pretendida incapacidad para prestar ayuda con los deberes. Aunque al final no llega a contratar a Awa: Guillemette asegura que, «con su físico, asustará a los vecinos del edificio».

Las mujeres y los hombres que trabajan en el servicio doméstico están sometidos por igual a esos clichés racistas y son conscientes de que, en gran medida, los van a contratar por esos estereotipos, así que «juegan a hacerse la negra», como dice cínicamente una sirvienta llamada Christelle. Originaria de Guadalupe, le indigna que siempre la reduzcan a sus orígenes criollos, a pesar de ser francesa y de tener la piel muy blanca, en su opinión. Pero ha comprendido que, para que la contraten, debe amoldarse a las expectativas de los ricos respecto a las guadalupeñas: «Como eres mestiza, debes tener una hermosa cabellera recogida en una trenza y llevar algunos accesorios de madrás o de telas africanas, aunque no sepan distinguirlas, y tienes que cocinar platos picantes». Antes de servir a los ricos, Christelle, que llegó a Francia a los cuatro años, jamás preparaba recetas guadalupeñas ni africanas, hasta que se percató de que supondría una ventaja a la hora de ser contratada. «Tardé bastante en comprender que no debía ocultar el hecho de que soy de Guadalupe, sino resaltarlo de manera astuta.» Y, como dicen muchas sirvientas, incorporar los clichés racistas es inevitable, pero en su justa medida.

Un toque de exotismo

Pese a que Christelle procura resaltar lo que ella llama «su lado antillano», también sabe que no debe abusar de él. Los ricos buscan cierto exotismo en sus sirvientas. Esperan que encarnen cierta «cultura», a la que atribuyen maneras de ser, de pensar y de hacer las cosas. Sin embargo, el exotismo no debe invadir su casa. No es de extrañar, pues, que la patrona de Christelle le reprochara que llevaba unos pendientes demasiado coloridos o que la criticara por «parecer demasiado antillana». Por otra parte, el olor de las sirvientas procedentes de la inmigración suscita observaciones de lo más abruptas. Un sinfín de patronas aseguran que sus sirvientas de la India, de Sri Lanka, de Marruecos o de Costa de Marfil «huelen a especias», cosa que las incomoda. Y muchas de ellas, aunque no se atreven a decírselo, les regalan desodorantes o les ordenan que abran las ventanas regularmente para «evitar malos olores». El olor es un ejemplo muy llamativo de algo que suele marcar las fronteras del exotismo: la higiene.

A la hora de seleccionar el personal doméstico, los ricos demuestran algo que los sociólogos Wilfried Lignier y Julie Pagis denominan «aversión cultural por las personas», que muestra también un prejuicio racial hacia las sirvientas.[22] Que huelen mal, que tienen el cuerpo sucio o una higiene insuficiente son críticas habituales a las sirvientas procedentes de África, Asia y América Latina, por parte de ricos originarios de Europa continental y del norte, de Rusia, de Estados Unidos y de Australia. No solo se considera sucias a esas sirvientas por su color de piel, sino también porque proceden de países que los patrones tachan de «subdesarrollados», donde supuestamente desconocen las reglas básicas de la higiene. De ahí que las patronas tengan prejuicios sobre la higiene de las sirvientas. Por eso, durante la entrevista de trabajo, comprueban que no lleven las manos ni las uñas sucias, el pelo grasiento o la ropa manchada. La sospecha de que son portadoras de enfermedades varias acecha a las negras: «Siempre desconfiamos más de las negras, porque es bien sabido que allí hay mucho sida, paludismo, tuberculosis y todo eso, que yo no quiero que entre en mi casa», explica una patrona que, no obstante, reconoce que le gusta contratar a personas negras para «aprender cosas sobre África». Encontrar a la sirvienta apropiada significa abrir la puerta a la alteridad, una alteridad que despierta curiosidad, pero que al mismo tiempo es objeto de un gran control.

Unos años antes de embarcarme en mi investigación, cuando trabajé de *nanny* y ayudante de cocina a tiempo parcial para una familia milmillonaria, ya intuí el comportamiento ambivalente de los ricos frente a la alteridad de sus sirvientas. Siendo estudiante, buscaba un trabajito a tiempo parcial y mi médico de la época me dio el contacto de una de sus pacientes, Catherine, la hija de Geneviève, que aparece en las primeras páginas del libro. Catherine estaba buscando una «chica joven» que ayudara con las tareas domésticas y el cuidado de sus hijos. Durante un año, varias tardes por semana iba a casa de Catherine, Christian y sus dos hijos. Posteriormente, me contrataron durante un verano en China, en su segunda residencia, como *au pair*. Como por aquel entonces yo ya estudiaba sociología, apunté rigurosamente en decenas de cuadernos todo lo que observaba y oía en aquella familia. Tres años después, decidí recuperar aquellos cuadernos y releerlos con una mirada de socióloga ya formada y más experimentada. Una vez al año, Catherine se interesaba por mí y aproveché para pedirle permiso para hablar de mi experiencia en su casa. Aceptó con la condición de que cambiara su nombre de pila y el de todos los implicados. En su casa, trabajé con Rachid, Sofia y Michaela, las sirvientas polivalentes, Si Yu, la *nanny* a tiempo completo, y Fabrice, el chófer. Rachid tenía por costumbre hacer bromas sobre la cultura argelina, caricaturizándola, algo que gustaba particularmente a nuestros patrones. Imitaba un baile oriental, contoneándose ante los niños y cantando con una voz exageradamente nasal. En algunas ocasiones, se ponía una chilaba y contaba por enésima vez que hasta los veintiún años no tuvo unos vaqueros. O se inventaba expresiones como «está más bueno que una albóndiga de carne» o «es más bonito que un *makrud*» (un dulce magrebí elaborado con sémola, azúcar y dátiles). Rachid y yo teníamos una gran complicidad. Me recordaba a un compañero de clase marroquí que, en el colegio, exageraba a propósito su «cultura» ante ciertos profesores blancos que siempre le hacían observaciones racistas. Cuando estábamos solos, Rachid me decía a menudo que era el «argelino de servicio, que solo tenía la parte buena de los argelinos». Según él, precisamente por esa razón había conseguido que lo contratara Catherine. Me contó que, durante la entrevista, nuestra patrona enseguida le dijo que le interesaba su perfil porque le gustaban los argelinos. A continuación, le hizo una serie de preguntas: ¿sabía preparar un buen cuscús?, ¿sabía entonar «cantos orientales» y bailar al son de la percusión?, ¿podría traer telas bonitas de «allí»?, ¿cómo aprendió francés?, ¿cómo se vestía cuando iba a visitar a su familia a Argelia?, ¿elaboraba pan de sémola en un horno tradicional? En la entrevista de trabajo, Rachid tuvo que exagerar su nacionalidad argelina y mentir. Me confesó que lo hizo para encajar con la imagen del argelino que le exigía nuestra patrona, y que seguía obligándose a hacerlo. «El argelino cariñoso, divertido, que es como un rayo de sol, que está bien integrado en Francia pero que mantiene algunos rasgos exóticos amables, ese soy yo», me explicó un día Rachid, después de cantar un *raï* a grito pelado mientras cocinaba a mi lado, cuando le pregunté si realmente le gustaba el *raï*. Con un tono más serio, replicó: «¿Tú crees que tengo otra opción?» y, mirando de reojo a sus espaldas para asegurarse de que Catherine no anduviera por ahí, susurró: «A mí el *raï* me carga un montón».

Para servir a los ricos, Rachid debe ser, tal y como lo formula él, como «un huevo Kinder»: «Marrón por fuera, blanco por dentro». Es decir, habla un francés perfecto, sin acento, y en las entrevistas de trabajo insiste en su amor por Francia y en que no es musulmán, hasta tal punto que se fuerza a comer cerdo en casa de sus patrones. Según él, se lo exige su carrera, es una condición *sine qua non*. Desde luego, el servicio doméstico no es tonto: en cualquier momento, la esencialización racial de sus cualidades puede volverse en su contra.

Los ricos siempre tienen la última palabra

La exotización del cuerpo de las sirvientas se enmarca en un imaginario poscolonial que las ciencias humanas y sociales han descrito exhaustivamente.[23] Las grandes fortunas seleccionan su servicio doméstico a partir de jerarquías y de estereotipos raciales que reflejan la dominación de clase y de raza que estructura las relaciones sociales, algo que contribuye a infravalorar a las sirvientas. El hecho de afirmar que las mujeres negras son «maternales», que las asiáticas son «dóciles» o que los hombres árabes «tienen mucho aguante» legitima que los contraten como servicio doméstico, al mismo tiempo que los excluye de otros sectores para los que supuestamente no están capacitados. Esos estereotipos reafirman a los ricos en la idea de que, disponiendo de servicio doméstico, contribuyen a salvar a una parte de la población que, de lo contrario, no encontraría otro trabajo, porque procede de la inmigración, no tiene estudios, no es demasiado inteligente, etc. Exotizar las cualidades de las sirvientas también legitima la división del trabajo en una misma casa: a las sirvientas blancas y/o procedentes de Europa y de Estados Unidos les corresponden los puestos de dirección, mientras que las demás deben desempeñar puestos subalternos. E, incluso si a medida que adquieren experiencia estas últimas van ascendiendo en la jerarquía, deben merecerse su puesto y su sueldo más que las demás y mostrarse agradecidas. Como me dijo un patrón, «en su país de origen, no ganarían absolutamente nada».

En ocasiones, algunas sirvientas rechazan un puesto de trabajo a pesar de que las patronas vuelvan a llamarlas después de la entrevista y de un período de prueba. Es el caso de Anaïs. O de Amor. Ambas cuentan con una gran experiencia en el servicio doméstico y una sólida red entre las grandes fortunas y sus sirvientas, de manera que siempre encuentran varias ofertas de trabajo. Por su parte, las sirvientas también transmiten numerosos clichés sobre los ricos. Los nuevos ricos tienen fama de pagar buenos sueldos y de ser muy espléndidos con los regalos. Los aristócratas suelen ser tacaños. Al parecer, los rusos son coléricos, los americanos bastante simpáticos y los franceses siempre están estresados. La esencialización de clase y de raza también existe por parte del servicio doméstico respecto a sus patrones. Un día, Trisha propuso a Amor que trabajara para unos multimillonarios chinos en la Costa Azul. Amor se negó en redondo a conocerlos siquiera, alegando que se había prometido que jamás trabajaría para unos señores chinos. «Las filipinas desconfiamos de los chinos», asegura. Anaïs, por su parte, en una ocasión renunció a su puesto pocos días después de incorporarse porque empezó a «tener miedo de currar para gente de Oriente Medio». De hecho, las sirvientas a menudo dudan mucho a la hora de aceptar vacantes en familias de los Emiratos Árabes instaladas en Francia, con fama de ser muy ricas pero esclavistas con el servicio.

El emparejamiento entre patrones y sirvientas se basa en una dominación simbólica por parte de los primeros sobre las segundas: aviniéndose al juego de amoldarse a los estereotipos y las expectativas de los ricos, las sirvientas contribuyen a reproducirlas. ¿Acaso es posible proceder de otro modo? «De todas formas, los ricos siempre tienen la última palabra, ¡más vale saberlo desde el principio!», se exclama Christelle con humor y amargura, mientras prepara frente a mí unos *acras* de bacalao sin picante: unos buñuelos antillanos, pero no demasiado.

No todo el mundo puede permitirse el lujo de elegir a su jefe. De hecho, raras veces se da el caso, porque en el sector del servicio doméstico los empleos son muy limitados. No obstante, el número de sirvientas es ilimitado. Por tanto, la búsqueda del buen partido es estructuralmente asimétrica. Incluso si eres un mayordomo bien situado y has acumulado un pequeño patrimonio entablando una relación estrecha con tu patrón, como es el caso de Marius. Conviene adoptar un perfil muy bajo en el primer empleo al servicio de un particular. «Dócil, dócil, dócil», repite Marius cuando le pregunto qué le ha permitido hacer carrera en el servicio. Siempre ha procurado comportarse como «un pobre inmigrante que obedece, trabaja y se siente en deuda con todos aquellos que le han dado trabajo». Todavía hoy se esfuerza por recordar de dónde viene y le repite a menudo a su señor que su deber es ser fiel para rendir homenaje a todos aquellos que le han abierto las puertas de ese paraíso con aspecto de jaula dorada que es el universo de las grandes fortunas.

4

Cuerpos en el trabajo

Cinco de la madrugada. Después de pasar veinticuatro horas con Mariana, no logro conciliar el sueño. Me había propuesto que observara en persona cómo es una jornada de trabajo especialmente intensa, en la que va encadenando tareas sin pausa, sobreponiéndose a cualquier señal de cansancio. Mañana, o más bien dentro de unas horas, Mariana acogerá al tío y la tía de su patrona, recién llegados de Rusia. Solo los vio una vez, pero tiene el recuerdo de una pareja fría, desdeñosa, exigente, muy criticona con la limpieza y la decoración del piso y condescendiente con ella. Por esa razón, Mariana se había puesto el objetivo de limpiarlo todo, reorganizar los espacios, cocinar y congelar platos elaborados para servir durante su estancia de una semana e incluso buscar por todo París un edredón de plumas de oca de una marca de lujo. Fue la primera vez que me sentí útil a su lado, al encargarme de esa tarea. Atónita, descubrí que existen edredones de más de dos mil euros. También la ayudé a abrillantar objetos, cocinar y ordenar los tarros de la cocina. Aunque es de madrugada, después de tanta tensión, no consigo relajarme.

Pero, sobre todo, me invaden los pensamientos y las emociones. Pienso en Mariana, a quien he dejado hace apenas dos horas. ¿Qué debe de hacer en este momento?

¿Ya duerme? ¿Vuelve a pensar en las confidencias que me ha hecho al principio de la noche? ¿Sigue cosiendo la chaqueta de su patrona, que tenía entre las manos mientras charlábamos en su habitación? Mariana siempre ha tenido problemas para dormir. «Preocupada, tan preocupada»,* me ha repetido en bucle, explicándome que, incluso de noche, debe mantenerse ocupada para sentirse menos preocupada. Por eso me ha pedido que me quedara con ella. Está preocupada por los dos invitados de sus señores y también por una de sus abuelas, cuya salud empeora día a día. La víspera recibió una llamada de Colombia, anunciándole malas noticias. Tal vez Mariana deba hacer un viaje rápido de ida y vuelta a su país natal. Su hija también le preocupa. Ha abandonado repentinamente los estudios de contable y quiere marcharse a Venezuela con un hombre que conoció hace unas semanas. Frente a ese cúmulo de inquietudes, Mariana se siente sobrepasada. La comprendo. Esta noche, yo también le he confesado los problemas que me genera el hecho de compaginar la vida familiar con la profesional. Si la relación con los entrevistados se vuelve muy estrecha, uno no puede pretender que sus confidencias no sean correspondidas. La investigación inmersiva está impregnada por la lógica del «don y contradón».[1] Con las sirvientas, mis confidencias eran una muestra de confianza y de respeto mutuos. ¿Con qué derecho tendría yo —una socióloga— el privilegio de saberlo todo de ellas, y ellas nada de mí? Las investigadoras y los investigadores también tienen una vida y sentimientos. Muchos se afanan meticulosamente por no revelar nada, pese a que «compartir la intimidad» con las personas a las que entrevistas a veces es la condición misma del éxito de una inves-

* En español en el original. *(N. de la t.)*

tigación.[2] La cotidianidad de Mariana no tiene nada que ver con la mía. Su infancia y su trayectoria tampoco. Su edad, sus orígenes sociales y geográficos tampoco. Pero las dos somos mujeres. Esa condición de género nos proporciona experiencias parecidas, así como una forma común de percibir el mundo, algo que favoreció nuestra complicidad,[3] sin duda alguna. La «entrega propia» que tanto preocupa a Mariana, que consiste en cuidar constantemente a los demás, también me atañe en tanto que mujer. Esa noche, conversamos sobre cómo cada una de nosotras se ocupa de los demás en su vida profesional, amistosa, familiar y conyugal. Si nos afecta tanto en el pensamiento y el cuerpo, no es porque seamos «demasiado sensibles», como dice Mariana. Se trata de una forma de estar en el mundo determinada por el género, de un papel social construido como «femenino» que hemos incorporado plenamente[4] y que interpretamos ante nuestras familias, nuestros amigos, nuestros colegas. Sin embargo, si me comparo con ella, los cuidados que yo ofrecía a los demás en esa época de repente me parecen insignificantes.

¡Serás una criada para todo!

La Organización Internacional del Trabajo (OIT) calcula que ocho de cada diez empleados del hogar son mujeres.[5] Cuando informo a Mariana de esa cifra, me mira sorprendida, pero enseguida asiente: «¡No me extraña, las mujeres lo llevamos en la sangre!». Al igual que muchas otras sirvientas que he conocido, Mariana critica la incompetencia de los hombres en el servicio doméstico. Pero sus críticas están teñidas de ironía: aunque no pueda formularlo con conceptos teóricos, es consciente de que esa supuesta «aptitud» de las mujeres no tiene nada de innato. «¿Y qué hacen los maridos de todas esas mujeres mientras ellas se desloman limpiando la mierda de los demás?», me pregunta Mariana, indignada. Me atrevo a devolverle la pregunta: «¿Y qué hacía tu marido mientras estabas en Francia?».

Mariana tiene cuarenta y tres años. Es colombiana y vive en Francia desde los diecisiete. En Colombia, su padre, que ya falleció, trabajaba en una explotación de café por un sueldo misérrimo. Su madre, sin trabajo remunerado, cuidaba de ella y de sus hermanas, se ocupaba de la casa y del huerto. Mariana describe su infancia como difícil e infeliz. Dejó la escuela a los doce años para ayudar a su padre y llevar un poco de dinero a casa. A los quince años, al igual que numerosas adolescentes de las zonas rurales de su país natal, sus padres la enviaron a Bogotá a trabajar de «interna», es decir, de empleada doméstica a tiempo completo, que vivía y comía en casa de sus señores.[6] Considera que aquella familia la trató muy bien: le permitían salir los domingos y, por las noches, después de servir la cena, le daban un poco de tiempo libre. Pero Mariana se quedó embarazada. Al principio, lo ocultó poniéndose ropa holgada, pero la hija de sus patrones lo descubrió y se lo contó a su madre. De la noche a la mañana, la despidieron y tuvo que regresar a casa de sus padres, que al cabo de pocas semanas la obligaron a casarse con un hombre veinte años mayor que ella, con el objetivo de evitar el escándalo de que fuera una madre soltera. Mariana, aterrada ante la idea de ser madre, se sintió aliviada de que un hombre cubriera las necesidades del bebé, pero la estabilidad económica no duró demasiado. Cuando su hija cumplió un año, Mariana emigró a Francia con la esperanza de conseguir un sueldo de verdad con el que mantener a su hija y a sus padres. Como su padre estaba enfermo, cada vez tenía menos capacidad para trabajar, mientras que Nico, su marido, no ganaba suficiente dinero. En París, la acogió una prima lejana, que también se hizo cargo de los gastos del viaje y le encontró sus primeros trabajos como señora de la limpieza en varios domicilios del distrito XVI de París. Una de sus empleadoras, una acaudalada directora general de una empresa, le propuso trabajar en su casa a tiempo completo, para encargarse de la limpieza, la cocina, la compra, los niños, los pájaros y las recepciones. Ese primer trabajo marcó su entrada en el universo de las grandes fortunas.

En la actualidad, Mariana es «criada para todo en casa de unos ricos», como dice ella. Lleva diez años divorciada de Nico. A mi pregunta de «¿Y qué hacía tu marido mientras estabas en Francia?», contesta: «Mientras yo limpiaba la mierda de mis patrones, él era un mierda». A través de su hija y de su madre, Mariana se enteró de que su marido la engañaba: tenía otras mujeres y otros hijos.

Mariana forma parte de las mujeres que la socióloga Arlie Hochschild denomina «el nuevo oro del mundo»: mujeres de países llamados del sur que dejan atrás a su paupérrima familia para ocuparse de familias ricas de los países llamados del norte.[7] En casa de las grandes fortunas hay infinidad de mujeres como ella, procedentes de una primera oleada migratoria. A veces, emigran con su marido y sus hijos, pero lo más habitual es que se instalen solas en Francia u otros países europeos y manden dinero a su «país». Se trata de mujeres racializadas, buscadísimas entre los empleadores por sus supuestas cualidades como trabajadoras domésticas entregadas. Una esencialización que Mariana encarna de manera absoluta. Lleva cinco años trabajando para Yves, corredor de bolsa, y su esposa Svetlana, sin profesión, y jamás se ha puesto enferma. O, para ser más exactos, nunca ha faltado al trabajo, por muy mal que se encontrara. Mariana reivindica su identidad de mujer de clase popular rural «trabajadora», «sólida», «valiente» y «fuerte», una especie de «virilidad en femenino».[8] Al mismo tiempo, es consciente de que su valentía no tiene nada de natural: «No es que lleve el trabajo escrito en los genes, ¡es que nunca he tenido otra opción!». Según ella, la miseria y el modelo patriarcal en el que creció la predestinaron a convertirse en «criada para todo».

Una carrera contra reloj

En casa de Yves y Svetlana, Mariana trabaja sola. Ya está acostumbrada: en sus siete puestos anteriores también trabajaba sola. Ha trabajado con *nannies* y chóferes contratados a jornada completa, pero estos tenías asignadas unas tareas muy definidas: cuidar de los niños o llevar en coche a los patrones. Yves y Svetlana también cuentan con una *nanny*, llamada Inna, a quien Mariana apenas conoce. Cuando sus señores se encuentran en París —durante la mitad del año residen en Luxemburgo—, las dos sirvientas coinciden; sin embargo, no llegan a entablar conversación alguna. Inna solo habla ruso, la lengua de Svetlana, que Mariana desconoce por completo. Asegura que «no se fía de las rusas», a quienes tacha de frías e impenetrables. Entre las sirvientas, también abundan los estereotipos raciales. Como, de tanto conversar, mi relación con Mariana se ha vuelto bastante estrecha, me permito hacerle una observación: «Svetlana también es rusa...». «Sí, ¡pero las rusas ricas pagan bien!», replica riéndose, y me explica que su sueldo compensa un poco el carácter de Svetlana.

En casa de Yves y Svetlana, Mariana se siente afortunada. Gana 2.300 euros netos al mes y dispone de un pequeño apartamento de 35 m^2 en el cuarto piso del edificio de sus patrones. No debe acompañarlos a Luxemburgo, donde tienen otra empleada, ni tampoco atenderlos durante las vacaciones, sino que se queda en París y se encarga del mantenimiento y la limpieza del piso. Esas condiciones le parecen buenas porque no le entusiasma seguir a sus patrones en todos sus viajes. «Cuando tus patrones se te llevan de vacaciones, para ti nunca son vacaciones, ¡al contrario!, aún es más agotador que el resto del tiempo», asegura, recordando su anterior puesto de trabajo, cinco años atrás, en el que viajaba con sus señores en todas las vacaciones escolares para cuidar de los niños y regresaba «molida». Mariana tiene una buena relación con Svetlana; le emociona que su señora sea tan espléndida con ella: «Es muy generosa y me regala muchísimos vestidos y bolsos». Al principio de mi investigación, Yves, su patrón, después de darme el número de teléfono de Mariana, me dijo con orgullo: «Ya verá que Mariana no es una criada para todo maltratada, ¡hasta tiene un bolso Vuitton!». Fue la única vez que un empleador al que había contactado para hacerle una entrevista me remitía a su sirvienta: «Ella le explicará su trabajo mejor que yo; además, ¡creo que le dirá que es bastante feliz!», me escribió en el SMS con el número de Mariana. A partir de entonces, no volví a tener contacto con él. Pero con Mariana sí que entablé cierta amistad, de manera que enseguida descubrí que su vida no se reduce al placer de tener un bolso Vuitton.

Mariana trabaja mucho. Svetlana se lo hace observar a menudo: «Me dice: "Mariana, trabajas demasiado, ¡descansa!". Pero ¿cuándo puedo descansar de verdad?». En efecto, con su apretada agenda resulta difícil encontrar un rato para reposar. Una jornada de trabajo habitual de Mariana suele ser así:

7.45: Mariana se dirige al «cuarto de atrás», situado justo detrás de la cocina, abre la lavadora, saca la ropa que ha lavado durante la noche y la selecciona: una parte la cuelga en el tendedero y la otra la mete en la secadora.

8.14: Mariana guarda la ropa seca del día anterior en los diferentes armarios de la casa: los de la habitación de invitados, los de la habitación y del vestidor de Yves y Svetlana, los de la habitación de su hijo Lucas y los de la habitación de la madre de Yves.

10.30: Mariana termina de ordenar la habitación de la abuela, que va de visita todos los fines de semana. Siempre empieza quitando el polvo de las alfombras y cada tres días cambia las sábanas. Vamos a la cocina y Mariana se fija en qué compró el día antes. Empezamos a cocinar el almuerzo para Lucas y su madre.

11: Mariana me lleva otra vez al cuarto de atrás, pone en marcha otra lavadora y otra secadora, y coge trapos y algunos productos de limpieza. Quita el polvo de todas las estancias del piso, pasa un trapo húmedo por los muebles, los armarios, las mesas, los objetos de decoración y las sillas. De vez en cuando, deja los productos y los trapos para sacudir los sofás y las butacas.

11.45: Es la hora de cocinar todos los ingredientes que ha preparado una hora antes. Lucas vuelve de la escuela con su madre.

12.30: Lucas y Svetlana se sientan a la mesa del comedor, que Mariana ya ha dejado puesta. A mediodía, Mariana sirve la comida, mientras que por la noche deja los platos preparados en la cocina. La ayudo a servir los entrantes: verduritas crudas dispuestas en varios paltos. La comida dura cincuenta minutos. Luego Svetlana va a echarse una siesta y Lucas vuelve a la escuela. Mientras tanto, Mariana recoge la mesa y llena el lavavajillas. Además, le prepara la cama a Svetlana: le abre un poco el edredón y coloca encima «la novela que está leyendo».

13.50: Mariana me propone «picar algo». Tostamos unas rebanadas de pan, les añadimos queso y preparamos una ensalada. Y vuelta a empezar. Mariana me pide que la siga hasta el cuarto de atrás. Allí coge el aspirador y se dirige a la habitación de la madre de Yves. Va limpiando todas las estancias, una a una, y mientras pasa el aspirador con una mano, con la otra sujeta una bolsa de basura negra en la que vacía todas las papeleras.

16.10: Mariana termina de pasar el aspirador, empieza a limpiar los cuartos de baño, me propone beber un vaso de agua (en realidad, se lo sirvo yo a ella) y deja el aspirador en el cuarto de atrás. Entonces va a buscar el cubo y la fregona. Da un rodeo para pasar por la cocina, donde saca cacao en polvo, leche y unos bollitos que ha hecho ella misma para la merienda de Lucas. Me propone que prepare la merienda de Lucas mientras ella va a vestirse en pocos segundos antes de ir a recogerlo a la escuela. Al cabo de menos de diez minutos, regresan juntos. Mariana vuelve a ponerse su uniforme de trabajo y friega todo el piso. Le doy la merienda a Lucas. Svetlana está pintando en el salón. Después, Mariana y yo vamos a preparar la cena.

19.05: Svetlana se asoma a la puerta de la cocina para pedirle a Mariana que le sirva un zumo de limón recién exprimido. Mariana obedece. Luego va a la habitación de Lucas para comprobar que se haya duchado y haya hecho los deberes. Mariana da de cenar a Lucas en la cocina. Va al cuarto de atrás a guardar el cubo y la fregona y luego sirve una gran bandeja de cuscús en medio de la mesa de Yves y Svetlana. Recorre toda la casa, inspeccionándola y, al mismo tiempo, haciendo una lista de tareas pendientes, de cosas que reparar, encargar o volver a comprar.

20.20: Mariana termina de preparar la cena de sus patrones, de acostar a Lucas y de inspeccionar la casa. Salimos del piso de Yves y Svetlana y subimos al apartamento de Mariana.

22.30: Mariana vuelve a bajar al piso de sus señores para recoger la mesa de la cena y ordenar la cocina.

00.30: Mariana se acuesta, después de dejar el desayuno del día siguiente preparado en la mesa y de mirar un poco la televisión en su casa.

Mi cuaderno de notas incluye muchos otros detalles sobre los esfuerzos físicos que realiza Mariana durante su jornada de trabajo. No deja de ir de un lado a otro, sin sentarse ni un segundo, ni siquiera para comer. Carga muchos pesos: cestas de ropa, el aspirador, una escalerilla plegable, papeleras, cajas con productos de la limpieza, ollas, mesas, sillas, butacas y alfombras. La dureza física es una de las características del trabajo de las sirvientas, quienes, a lo largo del día hacen esfuerzos constantes, algunos muy fuertes, que pueden ocasionarles distintas dolencias. Todas las sirvientas que he conocido padecen dolores de espalda, tensión muscular en las piernas, fatiga y dolor de cabeza. No en vano, su profesión es una de las más expuestas a los accidentes laborales y a las dolencias musculares y óseas.[9] Su agotamiento corporal se exacerba con la exposición permanente a olores que les repugnan: los de los productos de la limpieza, pero también de la cocina, los retretes, las basuras, los desagües, la ropa sucia o la comida estropeada. Mariana se salta a menudo la comida de mediodía, más por malestar que por falta de tiempo: «Siempre tengo náuseas, he perdido el apetito», se lamenta. Guarda las sobras en una fiambrera, que por la noche se lleva a su apartamento para «comer tranquila» delante del televisor; solo entonces se da cuenta de que necesita comer para «aguantar». La vivienda de las sirvientas es el único lugar donde se permiten descansar un poco para reponer fuerzas. La película de la antropóloga y videoartista Armelle Giglio-Jacquemot[10] acerca de la vida cotidiana de Nice, una «criada» que trabaja en casa de unos ricos de Brasil, captura varios momentos en que la sirvienta se instala en su cuartito, frente al televisor, con un plato en la mano, y se concede un paréntesis profundamente íntimo y efímero.

A las sirvientas les cuesta expresar su agotamiento y su dolor. Cuando tu vida es «una carrera constante contra el tiempo», como dice María-Celesta, tienes prohibido quejarte. Esta exmayordoma de más de setenta años, a quien conocí gracias a Mariana, es una mujer muy respetada en una comunidad católica colombiana ligada a una iglesia suramericana de París; fue ella, de hecho, quien en su momento le encontró trabajo a Mariana. Ya está jubilada, pero sigue residiendo en casa de sus patrones, que se hacen cargo de todos sus gastos para «agradecerle que diera su vida por ellos», explica. Durante más de cuarenta años trabajó para los mismos señores, algo muy poco habitual. En Francia, los empleos domésticos a tiempo parcial se caracterizan por un elevado *turn-over*.[11] Aunque las cifras son insuficientes, he constatado la misma dinámica en el servicio doméstico a jornada completa en casa de ricos: casi el 80 por ciento de las sirvientas que entrevisté han ocupado puestos durante menos de tres años.

La trayectoria profesional de María-Celesta, pues, es excepcional. Durante cuarenta años, trabajó en el distrito VIII de París y solo regresó a Colombia en cinco ocasiones para visitar a sus cuatro hijos. Durante cuarenta años, trabajó sin pausa, sin dejar traslucir su cansancio, sus caídas, sus contracturas lumbares. «Un día tuve una caída tremenda, resbalé en el suelo mojado. Me quedé inmóvil varios minutos...

Casi perdí el conocimiento. Pero volví a levantarme. Soy una mujer trabajadora.» Al cabo de unas semanas del accidente, del que nadie se enteró, María-Celesta no conseguía dormir. Entonces decidió ir al médico, a pesar de la falta de tiempo: «Iba encadenando tareas, día y noche; la rueda no podía parar».

María-Celesta siempre adelantaba el trabajo, pero, en lugar de avanzar algunas tareas para tomarse una pausa durante el día o disfrutar de las noches libres para relajarse, se dedicaba a organizar la siguiente jornada o a «hacer cositas», como coser la ropa, preparar bollitos caseros para el desayuno o limpiar su propio cuarto. Cuando el médico le recetó antiinflamatorios y le prescribió una baja laboral de un mes, ella se negó en redondo. «Sin mí, no podían hacer nada», asegura respecto a sus patrones, antes de añadir: «Yo hacía funcionar todo el piso y ellos contaban conmigo, sabían que era una persona eficaz y de confianza». La sensación de ser indispensable en la vida cotidiana de los ricos empuja a las sirvientas a demostrar su virtuosismo trabajando, a no confesar —ni siquiera sentir— el dolor y la enfermedad. «Te acostumbras al dolor. Toda mi vida he tenido dolor, ¡hasta tal punto que dejé de sentirlo!», se exclama María-Celesta.

A fuerza de tragarse las lágrimas y el dolor, tuvieron que amputarle una pierna tras una parálisis. Ahora sí que se toma el tiempo de cuidarse; por su parte, los hijos de sus patrones, en cuya casa vive, por fin se han dado cuenta de que necesita atención médica regular. «Hace cinco años, una buena mañana les dije que iban a amputarme, que por dentro de la pierna tenía necrosis», cuenta como si nada. «¡No daban crédito! Ni siquiera se habían fijado en que llevaba varios meses con la pierna paralizada.» Mientras que María-Celesta veía a diario a sus señores y a sus hijos, estos no parecían prestarle atención.

Las sirvientas no tienen cuerpo

El cuerpo de las sirvientas es sometido constantemente a duras pruebas. Al igual que Mariana, van encadenando tareas, sin apenas pausas entre una y otra, y cuando por fin pueden tomarse un respiro, aprovechan para adelantar las tareas de los próximos días y, sobre todo, para perfeccionar el trabajo que ya han hecho. Se trata de un rasgo definitorio de esa clase de trabajo doméstico: los ricos desean un servicio personalizado e irreprochable.[12] La personalización del servicio, pues, exige que las sirvientas se adapten de manera permanente a los gustos y los deseos de sus patrones. Además, es necesario anticiparlo todo: los días que Svetlana vuelve del colegio con Lucas, Mariana sabe que le pedirá un zumo de fruta recién hecho, de limón, de pomelo o de naranja. A media mañana, ya saca el exprimidor y coloca esas tres frutas en la encimera de la cocina. Todas las noches, comprueba las reservas de fruta. La anticipación crea una carga mental, de ahí que muchas sirvientas, como Mariana, siempre lleven encima un pequeño cuaderno. ¿Qué ocurriría si no quedaran limones el día que Svetlana desea un zumo de limón? «¡Sería un drama!», se exclama Mariana cuando se lo pregunto. «No diría nada, la conozco. Delante de mí, se quedaría paralizada y, con un tono áspero, me diría: "¡Pues entonces un zumo de naranja!", suspirando fuerte. Para que me sintiera culpable.» Mariana ya ha sufrido la frustración de su patrona: un día, Svetlana quiso un zumo de pomelo, pero solo quedaba uno medio podrido. El día antes, al examinar las existencias de fruta, Mariana no se había percatado. En aquel momento, Svetlana no le reprochó nada. Sin embargo, por la noche, mientras estaba en el salón leyendo y Mariana ponía la mesa para la cena, Svetlana dijo en voz alta, sin dirigirse a Mariana ni mirarla siquiera: «Me pregunto si no tendré que cambiar de criada».

«Estoy en todas partes, todo el rato, ¡pero los patrones nunca me ven!», se lamentó indignada Christelle, durante una entrevista, al explicarme que exageraba su «parte antillana» para que la vieran. Todas las sirvientas me señalan la misma paradoja: están permanentemente en casa de sus empleadores, deben estar disponibles en cualquier momento, pero, sin embargo, les da la impresión de ser invisibles. Esa tensión entre disponibilidad absoluta e invisibilidad se exacerba en el caso de las internas, hasta el punto de afectarlas física y anímicamente. Por ejemplo, Mariana me confiesa que se siente «invadida por el frío» y «herida» cuando Svetlana habla de ella como si no estuviera presente. «Decir que va a cambiar de criada es una provocación. Pero a mí me duele que no me digan las cosas a la cara.» Las sirvientas a menudo reprochan a los ricos su falta de franqueza. También les molesta que no las miren, que ignoren su sufrimiento, que no sepan de qué color tienen el pelo, los ojos o cuánto miden. «Me regaló un vestido de seda precioso. Luego me lo puso delante y gritó: "Pero ¡qué bajita es usted, Nadine!" . ¡Pues claro, si mido un metro cuarenta y ocho!», se ofusca Nadine, una marroquí de cuarenta y seis años que trabaja de criada en casa del presidente de una multinacional, su mujer y sus hijos, unos nuevos ricos que viven entre Francia y Suiza. Según ella, es bastante improbable que su patrona pensara que un vestido largo ajustado para una mujer de un metro setenta y cinco pudiera quedarle bien a ella. La prueba es que, durante la entrevista de trabajo, a su patrona justamente le había gustado que fuera menuda, algo que interpretó como un símbolo de su discreción. Pero, a partir de aquel momento, Nadine se volvió invisible. Para colmo, su señora ni siquiera le ofreció cambiar aquel vestido por otro de su talla. Le sugirió que se lo subiera con un cinturón, antes de recordarle que, de todas formas, ella no estaba allí para hacer un desfile de moda.

¿Por qué los ricos ignoran a su servicio doméstico, si a veces lo exhiben para alardear ante los demás? Para aclarar esta cuestión, conviene hacer una breve digresión por la sociología urbana. En las ciudades, la segregación espacial y la creación de «comunidades cerradas» (*gated communities*, en inglés), que aumentan a medida que se acrecientan las desigualdades sociales, permiten a los ricos vivir lejos de los pobres, aprovecharse de la pobreza explotando su fuerza de trabajo, pero sin sufrir la violencia que surge en los «guetos de pobres». En el interior de las casas, la confrontación entre los patrones y sus subordinados se rige por una lógica comparable. El hecho de procurar no ver a las sirvientas es una de las condiciones de la dominación cercana que ejercen los ricos. Lo comprendí la primera vez que una empleadora, Marielle, una francesa de cuarenta y siete años casada con un acaudalado banquero de inversión, me confesó el malestar que experimenta ante sus cinco sirvientas. Hasta entonces, no había conocido a ninguna gran fortuna que se confesara sobre sus dificultades para convivir con su servicio. Sin embargo, no era porque no se lo pusiera en bandeja de plata durante las entrevistas. Al principio, esa convivencia me había parecido uno de los mayores desafíos que plantea el servicio doméstico. Pero los aristócratas no sienten ninguna clase de incomodidad, dado que, desde muy pequeños, se han acostumbrado a la presencia cotidiana de sirvientas en su casa y han aprendido estrategias para tolerar su cercanía, por ejemplo, fingiendo no verlas.

De hecho, fueron los nuevos ricos, «novatos» en el servicio doméstico, quienes me confesaron, en el transcurso de las entrevistas, «no saber dónde meterse», en palabras de Marielle. Mientras conversamos sobre la incomodidad que le causa la presencia de sus empleadas, observo su malestar: sus frases están llenas de balbuceos y me rehúye la mirada, como en este extracto de la entrevista:

> —Es verdad que no siempre es fácil...
> —*¿Se refiere a convivir con el servicio doméstico todos los días?*
> —Sí...
> —*Pero supongo que ya se habrá acostumbrado, ¿verdad?*
> —¡Qué remedio! Pero en aquella época fue un choque. Estaba... paralizada. No sabía dar órdenes y lo peor de todo es que no me sentía a gusto en casa... me daba la impresión de haber sido invadida en mi propia casa, de ser espiada... [...] En el fondo, tienes que hacer como si toda esa gente formara parte de la decoración. Al final pensé: tienes el castillo, los jardines y el personal, así que deja de hacerte preguntas. Al fin y al cabo, hay sitio para todos, la cuestión es... ¡conseguir no tropezarte constantemente con ellos!

Hace diez años, Marielle y su marido compraron un castillo en Aveyron. Por primera vez en su vida, contrataron servicio doméstico. Si Marielle se acabó acostumbrando a su presencia en su casa, muy poco a poco, fue gracias a sus vecinas aristócratas y, sobre todo, a unas vacaciones en un suntuoso palacio, donde la servían varios empleados. Hasta entonces, jamás la habían servido, «excepto en el restaurante», precisa. Sus padres, bombero y enfermera de profesión, ni siquiera podían permitirse una señora de la limpieza, ni «*baby-sitters*», ni iban a hoteles, y su madre, recuerda Marielle, «jamás se atrevió a decirle a su peluquera que el corte de pelo que le hacía ya no le gustaba». El caso de las nuevas fortunas demuestra que dejarse servir no es algo innato, sino que requiere un aprendizaje.

Ese aprendizaje se lleva a cabo gradualmente. Tratar con personal de servicio durante la infancia, acudir a lugares de descanso y de vacaciones (*spas*, hoteles, restaurantes de lujo) u ocupar puestos de trabajo que impliquen relaciones de servicio con subordinados (como secretarias)[13] determinan la manera de aproximarse a la confrontación cotidiana con el cuerpo de las sirvientas. Los más inexpertos, como Marielle, deben aprender a no verlas. Una manera de conseguirlo es delimitar los espacios de la casa entre los que corresponden al servicio (cocinas, despensas, cuartos de baños reservados, trasteros, sótanos y garajes) y aquellos donde su presencia en ausencia de los patrones es rara (salones, cuartos de baño y dormitorios). De hecho, algunos castillos todavía conservan una gran división espacial entre «señores» y «sirvientes», como el de Gérard, un aristócrata miembro del Jockey Club, heredero de un castillo en el Loira. Cuando me recibe allí, me muestra el sótano, que en la época de sus abuelos era la zona donde el servicio doméstico cocinaba, lavaba la ropa, almacenaba la comida y las herramientas de jardinería, y descansaba. Me enseña una tabla colgada de un muro en la que instalaron un sistema de alarmas que comunicaba con las distintas estancias del castillo: si sus abuelos necesitaban algo, llamaban desde arriba al personal que se deslomaba abajo.

El hecho de relegar a las sirvientas en el sótano, acondicionado para que trabajen, materializa de manera brutal su posición de dominadas. A pesar de que en la actualidad no resulta tan visible, se manifiesta en los «juegos» entre patrones y sirvientas para evitarse. Estas se afanan por pasar desapercibidas, guardando silencio y agachando la mirada, mientras que sus patrones no las miran, a veces ni cuando les dan órdenes. Las sirvientas, pues, forman parte del decorado: en el universo del servicio doméstico, «ser muebles» significa permanecer discretamente en la esquina de un salón donde sus patrones están cenando o tomando el té con invitados, a punto para atender a sus peticiones, como por arte de magia.

¿Un teatro sin bastidores?

La tensión entre disponibilidad e invisibilidad del servicio doméstico, así como la tensión entre darle órdenes e ignorarlo por parte de sus patrones, nace de la confusión individual entre escenario y bastidores en un espacio, el del domicilio, que tradicionalmente se ha concebido como el espacio de la intimidad, de la privacidad. El hecho de que las sirvientas vivan allí trastoca por completo esa concepción: el domicilio es su lugar de trabajo y a menudo su residencia, de modo que, tanto para ellas como para sus patrones, resulta complicado tener un espacio propio. La casa es como un gran teatro donde los señores y el servicio doméstico interpretan sus respectivos papeles, pero donde no hay bastidores. Los dormitorios, los cuartos de baño, los sótanos, las despensas o los pasillos pueden servir para quitarse la máscara y descansar un rato, pero es algo temporal. Incluso aunque los patrones se encierren durante varias horas en una estancia sin que entren las sirvientas, incluso aunque las sirvientas se aíslen para hacer una pausa, ambos son conscientes de que los otros siempre están cerca.

Las sirvientas no solo lo saben todo de sus patrones, sino que están al corriente de lo que hacen en cualquier momento. Esa exigencia tácita de omnisciencia resulta indispensable para que el servicio sea personalizado y para la anticipación que requiere. «Los domingos, la señora nunca se levanta a la misma hora. Pero, nada más levantarse, debe tener los huevos con panceta listos y servidos en la mesa. ¿Y yo cómo me las apaño? Pues a las siete de la mañana me meto en el cuarto de baño que está justo debajo de su dormitorio. Así, cuando oigo el crujido del parqué en el piso de arriba, ¡voy corriendo a la cocina!», me explica Siham, una argelina de unos sesenta años, cocinera y señora de la limpieza de una familia de aristócratas que viven entre Londres, París y Nueva York. Cuando la entrevisto en una de las residencias de sus empleadores, situada al oeste de París, me conduce al cuarto de baño en cuestión, mientras otra empleada encargada de la limpieza, Tasha, sube al dormitorio de la señora para que pueda oír cómo cruje el suelo. Con el objetivo de preparar el desayuno de su señora a tiempo, Siham ha organizado sus quehaceres de tal manera que, los domingos por la mañana, se dedica a limpiar el cuarto de baño de abajo. Si su patrona se levanta a las siete y media, ella deja la limpieza a medias y la retoma más tarde. Como Siham, las sirvientas se aseguran de estar al corriente de todo con el propósito de ajustarse constantemente al ritmo a menudo imprevisible de los ricos.

Para eso, trabajar en equipo resulta muy práctico. La excelencia del servicio se basa en una laboriosa solidaridad: al igual que cada empleada debe estar en su posición según su especialidad, cada una debe mantenerse al corriente del lugar donde se encuentran los diferentes miembros de la familia a la que sirve. Cuando trabajaba en casa de Margaret y Philippe, y posteriormente en casa de Christian y Catherine, con mis compañeros de trabajo comentábamos varias veces cada hora qué andaban haciendo nuestros empleadores. Si estaban en casa, nos manteníamos al corriente de en qué estancia. De hecho, me cayeron varias regañinas cuando me disponía a abrir la puerta de una habitación o de un despacho, dada mi dificultad por llevar a cabo tareas sin olvidar que se hallaban en esa precisa estancia. Por ejemplo, aprendí a examinar detenidamente, pero con disimulo, cómo iban vestidos mis patrones, con el objetivo de avisar a mis compañeros de que les llevaran las pantuflas si iban descalzos, un jersey si hacía frío o que les sugirieran que se arreglaran si llegaba una visita inesperada. Como es costumbre con los «bisoños recién llegados», como decía mi excompañero Rachid, disfruté de una formación interna por parte de las sirvientas con más antigüedad que yo. Al igual que los trabajadores de la hostelería de lujo, el servicio doméstico aprende *in situ*, una vez en casa de sus patrones, a amoldarse a sus deseos, haciendo malabarismos entre el *habitus* burgués y el *ethos* del servilismo.[14] Mantenerse al corriente de todo lo que ocurre en ese gran teatro es lo más importante que debe aprender una sirvienta para cumplir los deseos de los ricos y lograr desplazarse por la casa evitando a sus señores y, a la vez, interaccionando con ellos de manera controlada.

La habilidad que demuestra el personal doméstico en ese juego teatral desconcierta a más de un patrón, porque, a diferencia de las sirvientas, que lo saben todo, ellos no saben gran cosa. Tal y como explica Margaret, se esfuerzan por no ver a sus sirvientas, reduciéndolas a meros objetos decorativos, pero, en la inmensa mayoría de los casos, no saben dónde se encuentran. Paradójicamente, eso es lo que desean los ricos y, al mismo tiempo, lo que los irrita e incluso los angustia. En este sentido, el testimonio de Jacques resulta muy esclarecedor. Jacques es un aristócrata francés de setenta y cinco años, que dirigió una empresa. Una tarde de otoño, me recibe en su inmenso palacete de París a las seis en punto y, hasta pasadas las diez de la noche, me cuenta su infancia en un castillo del oeste de Francia, donde trabajaban varias criadas. También me habla de su experiencia como empleador, de sus sirvientas, así como de su esposa y de sus hijos, en suma, de sus «pequeñas historias apasionantes», como las llama de manera irónica. Tiene mucho sentido del humor y muestra un gran interés por mi investigación. A las ocho, cuando su mujer lo llama para cenar, exclama: «¡Hoy no, que estamos investigando!», y le pide que nos encargue una pizza y Coca-Cola, porque «de golpe se siente rejuvenecido». Nos reímos mucho, hasta que menciona los inconvenientes de tener servicio doméstico. Sin ocultar su emoción, me confiesa lo que experimentó con una de sus sirvientas, Falia. Su tono vacilante y su voz temblorosa traslucen su desasosiego.

> —*¿Qué era lo que le molestaba de Falia?*
>
> —Debo reconocer que no lo sé exactamente... Era... una sensación personal, sin duda alguna, porque mi mujer, en la época, no sintió lo mismo que yo. Me parecía una chica muy honesta, la apreciaba, estábamos muy contentos de haberla encontrado, la verdad, después de tantas experiencias fallidas. Luego... no sé si es porque envejecí... [...] No lo soportaba, me daba la impresión de... de que siempre estaba allí, ¿sabe? Le voy a dar un ejemplo concreto, porque lo que digo no es muy concreto, discúlpeme. Por ejemplo, yo estaba en mi sillón, que es aquel [*señala un sillón que se encuentra ante él*], sentado en la biblioteca, porque en el castillo teníamos una biblioteca enorme y antes de mudarnos ese sillón, igual que tantas otras cosas, estaba en la biblioteca. [...] En fin, que yo estaba tan pancho en la biblioteca, sin que mi mujer me diera la lata [*risas*], y sabía que Falia, hacia las diez de la noche, terminaba de limpiar la cocina y se iba a descansar un poco y a leer, ella también, en uno de los saloncitos. Y entonces, no

> sé... como sabía que ella estaba allí, en otro salón, y que estaba despierta, pues... no me sentía solo... no podía dejar de imaginarme qué hacía ella, qué pensaba. Sin embargo, antes eso no me pasaba nunca... Crecí con diez sirvientas, ¿sabe?, y me importaba un pimiento... qué pensaran... eran como invisibles, pero creo que con Falia era consciente de que estaba allí.

Hasta los ricos más acostumbrados a que les sirvan cobran consciencia, de manera repentina, de su presencia. Al igual que Jacques, por momentos se dan cuenta de que no están solos en casa, cosa que les genera cierta angustia. Cuando vuelven a ver a sus sirvientas como seres humanos, los empleadores se preguntan qué piensan y qué hacen. Y lo cierto es que las grandes fortunas pueden ser muy imaginativas. La criada viciosa, traidora y violenta no es más que una fantasía de escritores y cineastas. Las patronas consideran crucial la selección del personal, pero no solo para que les sirva bien. Temen que las criadas les roben, que escuchen detrás de las puertas, que revelen secretos o, peor aún, que los envenenen o los maten. A veces, el miedo incluso los persigue en sueños. Una mañana, Catherine, una de las patronas en cuya casa trabajé, entró en la cocina donde varios empleados estábamos atareados preparando un pícnic y exclamó: «¡He tenido una pesadilla! ¡He soñado que todos vosotros me estrangulabais mientras dormía!».

En la realidad, jamás me he enterado de historias tan sórdidas. Me han hablado de robos, pero la posibilidad de que el servicio se vengue de los patrones es muy remota. Sin embargo, no por ello dejan de estar en guardia. Así, los ricos acaban atrapados en su propio juego: a fuerza de desear que las sirvientas sean invisibles, temen que los maten de manera silenciosa. Frente al riesgo, por ínfimo que sea, de que la relación de dominación se invierta, controlar al servicio doméstico resulta esencial.

El ojo del patrón

«¡Debes de estar muy tranquila, cuando se marchan!», le digo ingenuamente a Mariana por teléfono, al día siguiente de la partida de sus patrones a Luxemburgo. Me equivoco. Durante varios meses al año, Mariana se queda sola en el inmenso piso. «¡Todo esto para mí sola!», me dice en cuanto llego, antes de volver a la realidad: «Bueno, tampoco es para tirar cohetes». Cuando está sola en París, las responsabilidades de Mariana cambian. Ya no debe cocinar ni ir a comprar, tiene menos ropa que lavar y planchar, y menos tareas que adelantar. Sin embargo, se convierte en la vigilante del piso y se encarga del mantenimiento. «Un piso tan grande, aunque esté desocupado, se ensucia constantemente, se llena de polvo y siempre hay un montón de cosas que hacer», me asegura, mientras vuelve a pegar el marco de madera de un pequeño cuadro que decora la habitación de Lucas. Todos los días, Mariana limpia, arregla y pega cosas, cose botones y dobladillos, lleva ropa y alfombras a la tintorería, ordena las habitaciones, lava las paredes con agua y jabón, «restaura un poco» algunos muebles y saca brillo a los objetos de plata. A veces, acoge a amigos o familiares de Yves y Svetlana. «Mis patrones son muy generosos; les encanta prestar su piso», me explica Mariana. Con todo, ella casi nunca puede relajarse, disfrutar del amplio balcón que da a la torre Eiffel, del *jacuzzi* que se encuentra en uno de los cuartos de baño o del mullido sofá de terciopelo que preside el salón. «¿De verdad crees que aquí puedo hacer lo que me dé la gana?», me pregunta Mariana, dirigiendo la mirada hacia el techo. Levanto la cabeza, sin distinguir nada, pero lo comprendo de inmediato: en casa de sus patrones, Mariana está permanentemente vigilada por una cámara.

En casa de los ricos, y especialmente en casa de las grandes fortunas, hay muchísimas cámaras. Varios empleadores me hablan de las cámaras que tienen instaladas en sus múltiples residencias. Algunos aparatos conectados con una alarma sirven para detectar si entran ladrones, mientras que otros, silenciosos, solo se usan para vigilar a las sirvientas. Estas no siempre son conscientes de las cámaras que hay en las casas donde trabajan, pero las más avispadas lo sospechan y «están en guardia», como dice Marielle. Al principio, ella era reacia a instalar cámaras en su casa, pero una amiga acabó convenciéndola. Ahora considera que se trata de un medio magnífico para impedir que las criadas roben y para conseguir que trabajen más. «No soporto que no hagan nada, ¡yo no les pago para que no hagan nada!», explica para justificar la instalación de una cámara en uno de los pasillos de su piso donde «ellas [las sirvientas] solían charlar más de la cuenta». Aunque los ricos no sepan qué hace su servicio doméstico, las cámaras sí que lo registran. Sin embargo, apenas las miran. «Creo que hace dos años que no lo controlo», reconoce Marielle, que incluso se pregunta dónde están almacenados todos los archivos de las grabaciones. De hecho, ni ella ni su marido se encargan de la cámara. Timothée, su mayordomo, dispone de los códigos para acceder al ordenador conectado a las cámaras.

Si los ricos no quieren supervisar a sus sirvientas, otros se ocupan de ello en su lugar: cámaras o bien mayordomos. De hecho, los aristócratas creen que estos son infinitamente más eficaces que las cámaras. «Tuvimos una mayordoma, Jeanne, ¡que tenía vista de lince!», recuerda Jacques, al evocar el día que esta riñó a la cocinera porque había metido un dedo discretamente en la crema de una tarta de un pastelero famoso que estaba guardada en la nevera antes de servirla. Si la casa de los ricos fuera una fábrica, los mayordomos serían los capataces. Situados en la cima de la jerarquía del servicio doméstico, su posición no es tan afortunada como parece: son los mejor pagados, los que tienen más complicidad con los ricos y los que dirigen a los demás, pero, en contrapartida, son los responsables de cualquier fallo y sus subordinados los temen y a menudo los consideran unos traidores. Y no es de extrañar: a los mayordomos los contratan para que sean fieles y deben demostrar una lealtad indefectible por sus patrones.[15] Para ellos, resulta inconcebible rebelarse o animar a los demás a tomarse libertades. Por el contrario, el hecho de que riñan o denuncien a sus compañeros de trabajo se interpreta como una señal de su profesionalidad. El «trabajo sucio» de los mayordomos, es decir, la tarea más ingrata, no es limpiar los retretes como las criadas, sino «echar la bronca a los demás», en palabras de Marius, que está en la cresta de la ola de su carrera. Desde primerísima hora de la mañana hasta bien entrada la noche, debe velar por que sus compañeros hagan bien su trabajo, no pierdan el tiempo ni cometan actos deshonestos. Lo que «más detesta en el mundo» es tener que cruzar una estancia examinando a toda prisa qué hacen los demás y ordenar a una sirvienta cansada o enferma que no flaquee, o incluso que acelere el ritmo. En su lugar de trabajo, la organización es tan milimétrica y las tareas están tan divididas que, si una criada desfallece o, peor aún, falla, hay que recomponerlo todo. «Cuando alguien se relaja o se ausenta, cunde el pánico.» Le pregunto si sucede a menudo. Reflexiona unos segundos y contesta de manera tajante: «No. Si quieres trabajar aquí, debes aceptar los sacrificios». En ese universo, las criadas demasiado frágiles o demasiado reivindicativas no tienen futuro.

Un cuerpo que no te pertenece

Existe una brecha clarísima entre el discurso valorizador y benévolo de las grandes fortunas respecto a su servicio doméstico y algunos de sus actos o palabras. Los sentimientos contradictorios que experimenta Mariana respecto a Yves y Lucas y sobre todo hacia Svetlana reflejan perfectamente esa mezcla de apego y de repulsión, de cercanía y de distancia, de confianza y de recelo, que impregna la relación entre señores y sirvientes. Los ricos, especialmente las mujeres, repiten que las sirvientas «forman parte de la familia», aunque a menudo no las soporten. En la misma frase, Françoise, la anciana aristócrata que me contó un sinfín de anécdotas sobre su vínculo con su personal, trata a su empleada Oxana de hija y luego de criada: «La quiero como si fuera mi hija, aunque no deja de ser mi sirvienta». Françoise quiere a Oxana como a su propia hija, pero aprovecha para recordarle que no es su hija. Así, en las cenas familiares, Oxana jamás se sienta a la mesa con sus patrones. Además, debe tratar de usted a Françoise, pese a que esta permite que sus hijos la tuteen. Y, por supuesto, tras varias décadas de servicio leal, tras un sinfín de días y de noches reconfortando, cuidando y escuchando a Françoise, a Oxana no le corresponderá ni un céntimo de su fortuna cuando se reparta la herencia.

A través de esas relaciones impregnadas de afecto y de ambigüedades, las grandes fortunas alaban la entrega de sus sirvientas y se apoderan de su cuerpo y de su discurso.

Lo consiguen a través de medios más o menos francos, explícitos y violentos. Puede tratarse de un «pequeño chantaje», en palabras de María-Celesta, a quien regularmente le proponían prendas de ropa de regalo a cambio de que anulara un día de descanso que llevaba varios meses esperando, o de incentivos para denunciar a una compañera de trabajo sospechosa de haber cometido algún robo. Los ricos también pueden transformar a sus criadas en siervos, cambiándoles el nombre de pila a su antojo. En su estudio acerca del servicio doméstico en las ciudades francesas a lo largo del siglo XIX, Claudette Lacelle demuestra que el cambio de nombre era una costumbre que reflejaba «una percepción del otro como un ser de otra clase, de otro mundo».[16] Esa práctica todavía es habitual actualmente en ciertas familias aristocráticas o de nuevos ricos. A veces, cambian el nombre de las sirvientas de origen inmigrante por otro «más francés», «menos musulmán», «más fácil de pronunciar» y «que parezca un nombre», como explican los empleadores. En ocasiones, son las criadas inmigrantes quienes adoptan un nuevo nombre en el país al que emigran, de manera oficial u oficiosa, como respuesta al racismo imperante y a la sospecha que pesa sobre ellas de no querer «integrarse». Durante mi investigación, conocí a muchas sirvientas que se presentan a sus patrones con su nombre «francés», mientras que otras no tienen más opción que aceptar un nombre impuesto. «Marie-Céleste, como me llamaba el señor desde el primer día que trabajé para él. En su opinión, un nombre se debe traducir. Yo le dejé hacer, prefería eso a un nombre que no tuviera nada que ver con el mío», recuerda María-Celesta. Para otros patrones, existen nombre de criadas: «En mi casa, te llamarás Mouna. Si eres mi empleada, te convertirás en Mouna. Así es», dice con una gran convicción Violaine, una francesa en la treintena, modelo de profesión, casada con un banquero de inversión. En su casa, la criada tiene un nombre árabe, porque le recuerda a sus vacaciones en hoteles de Marruecos y Túnez, «donde todas las señoras de la limpieza se llaman Mouna». Otras empleadoras deciden llamar sistemáticamente a su criada Maria o Conchita, en referencia a la popular «muchacha» inmigrante portuguesa o española.[17]

Imponer el mismo nombre —que, además, tiene una connotación extranjera— a todas las empleadas que se suceden en un puesto de trabajo es una manera de reducir su identidad a su condición de sirvienta y de marcar las fronteras de clase. Si esa práctica está tan extendida entre las mujeres, en particular, es porque, para las patronas, es una forma de reforzar la distancia entre ellas y sus sirvientas, con las que temen identificarse o compararse. «¡Mouna y yo no podemos ser más diferentes! Ella es de esas mujeres que adoran todo lo relacionado con la casa, los niños, la cocina y la limpieza, mientras que yo lo detesto», admite Violaine, que durante la entrevista no deja de recalcar lo opuesta que es a Mouna. A su marido, al igual que a la mayoría de los empleadores, le da igual el cambio de nombre, algo que irrita a Violaine, que se obceca en explicarle que Mouna no es más que una criada, «y punto pelota», suelta. Más tarde, reconoce que, ante todo, intenta rebajar a su empleada a ojos de su marido, a quien describe como «sensible a los encantos de las mujeres». Para otras empleadoras, el hecho de cambiar el nombre de sus empleadas también tiene el objetivo de impedir cualquier atisbo de seducción a o por parte de sus cónyuges.

En la opinión de Mariana, que tiene muchas amigas latinoamericanas a quienes sus patrones han cambiado el nombre, eso no es «gran cosa» comparado con «todo lo que pueden inventarse los ricos» para humillarlas. Lo que más le indigna de todo lo que ha vivido y oído son las afrentas a su pudor. A fin de cuentas, ¿por qué los patrones iban a preocuparse por la incomodidad, el malestar o la vergüenza que experimentan unas empleadas a quienes han negado una parte de su humanidad? Ese es el sentido de sus palabras a propósito de algunos empleadores a quienes tacha de «asquerosos».

> Yo he tenido algunos patrones asquerosos, ¿sabes? [...] Eran gente que siempre estaba de fiesta. Entre semana, los fines de semana, siempre. Gente que tenía mucha presión, así que por la noche se desmadraba. Por la mañana, al llegar yo, a menudo estaba todo hecho un desastre, había botellas por todas partes, alcohol y mugre. Pero, bueno, ya estoy acostumbrada. ¡Siempre me daba la impresión de estar recogiendo después de una fiesta de adolescentes! Y un día... fue una falta de respeto hacia mí, una falta de respeto por mi... por mi pudor. El suelo estaba lleno de... *condoms* [preservativos]... [...] La noche antes hubo una orgía. Y yo tenía que recogerlo todo. ¡Y para colmo estaban usados! En aquel momento pensé que era realmente nauseabundo. De verdad. Me puse muy triste. Me entraron ganas de vomitar. Me pregunté qué diantre hacía con aquella familia. A mí no me educaron así y no sé quién les educó así a ellos, pero me parece horroroso. Y luego hicieron como si no hubiera pasado nada, volvieron a casa, que olía a rosas, y ya está. Y yo tuve que recoger los preservativos por la mañana. Me pregunté qué idea tenían de mí. De hecho, no soy más que una criada. Como si yo pudiera ver cualquier cosa sin inmutarme. Entonces me di cuenta de que, para ellos, yo no era una persona. Me di cuenta de que ellos creían que yo no tengo emociones ni pudor. ¡Mariana no es más que un trapo y un aspirador, que limpia sin decir nada! De manera

que eso fue lo que hice, como si fuera normal, porque es mi trabajo.

Mariana está acostumbrada a la suciedad, pero algunas formas de suciedad agravian su dignidad, como le sucedió con los preservativos usados que se encontró una mañana en casa de unos antiguos patrones, o como en el caso de los empleadores que se pasean desnudos por su casa, sin ocultar sus encuentros sexuales, o hacen bromas obscenas entre ellos. Las sirvientas interpretan esos comportamientos como una falta de respeto, aunque no se atreven a decirlo: «Están en su casa, así que pueden hacer lo que quieran», afirma Fatou, la sirvienta maliense que reside en su lugar de trabajo, en un distrito del oeste de París, antes de soltar un largo suspiro que revela las libertades que se toman los patrones en su propia casa.

En ocasiones, el modo de incomodar a las sirvientas franquea el umbral de la distancia física y de la ley. Durante la noche de confidencias a la que me refería al principio de este capítulo, Mariana me contó que, una vez, la violó el hijo de unos antiguos patrones. El acoso y los abusos sexuales, así como todo lo relacionado con la sexualidad, apenas figuran en las investigaciones sociológicas, ni son el objeto de este estudio. En efecto, resulta difícil abordar el tema sin obligar a las sirvientas a romper un tabú en contra de su voluntad o, por el contrario, sin imponerles un problema con el que todavía no se han confrontado. Por mi parte, sobre el terreno, «dejé que saliera» la cuestión de la violencia física, que a veces surgía durante la conversación. En ocasiones, tuve que contenerme ante el asombro que me causaban algunos testimonios y, en esos casos, ejercer un papel más parecido al de una psicóloga, una asistenta social o una confidente que al de una socióloga. La dinámica de la investigación también dependía de mi capacidad de escuchar las quejas y el llanto de esas mujeres que, acto seguido, me agradecían que les hubiera concedido ese espacio para charlar tan raro para ellas, a medio camino entre un testimonio controlado y unas confesiones inesperadas. Las confesiones de esas mujeres siguen atormentándome por las noches. Más allá de la singularidad de cada historia, sus testimonios traslucen una mezcla de angustia, rebeldía y resignación. Aunque no todas las criadas sufran violencia o violaciones, el temor a que su patrón les toque el culo o a que el hijo de la familia las empuje sobre una cama es algo habitual para muchas de ellas. «Ya me habían avisado: trabajar aquí es increíble, pero ¡cuidado!, esta gente está por encima de ti, así que puede hacer lo que quiera contigo», resume Fatou.

Las criadas son conscientes de que pueden ser víctima de depredadores sexuales. En la medida en que trabajan en la intimidad de los patrones, «no hay tanta compostura», dice Mariana. De ahí que deban desconfiar de todos los hombres de la casa, incluidos sus compañeros de trabajo. «¡Eso es el pan de cada día, que los cocineros y los mayordomos te toquen a sus anchas!», exclama María-Celesta riéndose, levantando la mirada hacia el cielo y encogiéndose de hombros, como si dijera: «Si solo fuera eso...». Esos actos son el colmo de la dominación que las grandes fortunas ejercen sobre el cuerpo de las mujeres que les sirven. «Cuando oí que Strauss-Kahn había agredido a una trabajadora del Sofitel, ¿te acuerdas?, ¡no me extrañó lo más mínimo!», suelta Fatou, que compara esa agresión con la que han sufrido muchas de sus amigas que trabajan de sirvientas y doncellas. Si Nafissatou Diallo se atrevió a denunciar al expresidente del Fondo Monetario Internacional, no es el caso de las sirvientas, que guardan ese secreto oculto entre las barandillas doradas y las puertas de latón lustrado de los barrios lujosos.

5

El derecho a explotar

En verano de 2015, en la edición digital de *L'Obs* se publicó un artículo sobre Damien, un hombre que había trabajado de sirviente para una familia aristocrática, con un título de lo más provocador:[1] «"La señora me hacía llevar pañales": la historia de Damien, 31 años, excriada». Los comentarios no tardaron en multiplicarse: aquel hombre debía de ser un mentiroso, un masoquista, un pervertido. Como el artículo me llamó la atención, me puse en contacto con la autora, Doan Bui, que me dio el contacto de Damien, que a su vez me contestó y me dijo que estaba de acuerdo en contarme su historia.

A continuación, llamaré Florent a Damien. Conversé con él durante horas, por teléfono y a través de mensajes de texto, y pasamos un día entero juntos. En la actualidad, está casado y tiene tres hijos pequeños. A raíz de mi visita, se tomó el día libre y charlamos mientras paseamos por la ciudad cerca de donde vive, fuimos a recoger a uno de sus hijos en la guardería, tomamos un té en su casa y recorrimos a pie y en coche los campos que se encuentran en los alrededores. Ahora Florent ejerce una profesión completamente distinta.* Su

* No la desvelaré aquí, con el fin de no traicionar el anonimato que le prometí.

mujer ignora por completo el trabajo que desempeñó durante más de dos años, a partir de los diecinueve. Florent fue «criada», como dice él mismo, hablando en femenino.

Como necesitaba dinero para independizarse de sus padres, se presentó a una oferta de trabajo de jardinero en un castillo cerca de su casa. Lo contrataron de inmediato. Poco a poco, su «señora» —a quien todavía llama así— lo obligó a travestirse para parecer una criada. Primero empezó a llevar los mismos vestidos y delantales que las demás sirvientas del castillo. Un día, la mayordoma se los dejó encima de su cama. Asegura que no tuvo más opción que ponerse esas prendas de ropa. A continuación, tuvo lugar una feminización forzada de su nombre. Después, la obligación de llevar una peluca con el pelo largo, recogido en la nuca en un moño, un discreto maquillaje y unos sujetadores llenos de algodón. Cuando trabajaba al servicio de los aristócratas propietarios del castillo, pues, Florent parecía una mujer. Nada más incorporarse a su nuevo puesto, tuvo que hacer un cursillo en una escuela de hostelería muy prestigiosa de la región, para «ser vestida», dice, con la complicidad de la formadora, que era amiga de su patrona. Junto con su «señora», viajaba regularmente a París con el propósito de probarse nuevos delantales y blusas en una tienda de uniformes situada en el distrito XVI.

Allí, la patrona de Florent también compraba pañales, de los que me habla en detalle, con el mismo tono que emplea para describir los ramos de flores. Cuando surge el tema cara a cara, enseguida se le llenan los ojos de lágrimas. Se disculpa por contarme cosas «tan íntimas». En el castillo donde trabajaba, todas las sirvientas llevaban pañales, para no tener que ir al cuarto de baño durante el servicio y, así, ganar tiempo. Había un cupo de pañales que no se podía superar. También estaban los baberos, obligatorios para comer. O la comida que trituraba la cocinera siguiendo las órdenes de «la señora» para castigar a alguna sirvienta.

Florent me cuenta un sinfín de prácticas humillantes y violentas como esas. Nuestras conversaciones, que en un momento dado se asemejan a sesiones de terapia psicológica, están marcadas por sus traumas. Sin embargo, consiguió abandonar ese trabajo y cambiar de sector. Engordó más de treinta kilos para «salir del cuerpo de criada», explica Florent. Hoy, no consigue indignarse con su patrona, pero no comprende por qué consintió todas sus imposiciones. Su necesidad económica, la fascinación que le causaba la riqueza y su culpabilidad fueron, según él, los principales obstáculos a la hora de dejar el trabajo en cuanto empezaron los abusos.

El caso de Florent resulta desconcertante en muchos sentidos. ¿Cómo abordar sus vivencias, si el análisis de traumas y de violencias suele corresponder a la psicología? ¿En qué medida su extrema opresión es comparable con lo que me contaron otras sirvientas acerca de la experiencia de dominación? Me dio la pista un detalle que, a ojos de Florent, era insignificante. Yo creía que, al igual que otros empleados domésticos violentados que han despertado el interés de los medios de comunicación, su trabajo no era legal ni estaba bien pagado. Ese era el caso de Méthode Sindayigaya, un hombre que trabajaba para un exministro de Burundi cerca de París, diecinueve horas diarias, durmiendo en el sótano cerca de la caldera, a quien le habían confiscado el pasaporte.[2] Pero me equivocaba. Florent trabajaba de manera legal y había firmado un contrato en el que se establecía que, si se negaba a ponerse el pañal, lo sancionarían restándole 400 euros de su siguiente sueldo.

A partir de entonces, la pregunta que me planteé, como socióloga, no giraba tanto en torno a la parte traumática y patológica de la explotación, sino a las condiciones sociales e institucionales que permiten que sea posible en la actualidad en Francia y otros lugares.

La ley es un juego

Frente al fisco o la justicia, las clases altas emplean distintas estrategias para justificar sus fraudes, sus corruptelas y otras prácticas ilegales.[3] Gracias a su capital económico, cultural y social, dominan más el derecho que el resto, se permiten sortear las leyes e interpretarlas a su favor. No todas las grandes fortunas que conocí tienen el mismo grado de conocimiento de las leyes y del derecho laboral. Sin embargo, se sienten suficientemente cómodas frente a la administración como para emplear a su servicio como les viene en gana. «De todas formas, ¿quién va a comprobarlo?», pregunta Charles, un empresario francés de unos cincuenta años, cuyas dos sirvientas carecen de contrato de trabajo. Tiene toda la razón: nadie comprobará que sus criadas cobran por debajo del SMI (salario mínimo interprofesional), trabajan gratuitamente por la noche y no cuentan con ningún documento que establezca sus condiciones de trabajo. Nadie. Porque los inspectores de trabajo no acuden a domicilios particulares para comprobar la situación de los empleados domésticos. Y, desde la calle, no se ve qué ocurre en el interior de las casas. No es de extrañar, pues, que Charles esté convencido de que respeta al máximo los derechos de sus dos sirvientas, Lila y Yasmine.

—Aquí Lila y Yasmine se sienten como en casa, creo que lo conocen absolutamente todo, saben qué deben hacer, para mi mujer y para mí es ideal.

—*¿Cuántas horas cree usted que trabajan al día, aproximadamente?*

—Pues no sabría qué decirle, no lo sé, si lo calculo, creo que como usted y yo, unas ocho horas, digamos, eso es, una jornada de trabajo normal, ocho horas, y luego vuelven a su piso, que está encima y... no, en ese sentido, somos muy respetuosos. Es normal, es la ley, bueno...

—*¿La ley?*

—Sí, es importante, bueno, nosotros respetamos la ley, mi mujer y yo, si todo está atado, todo va bien. Es una cuestión de valores, ¿sabe? en fin, vemos que están contentas, que viven bien, para nosotros es importante, además, yo no quiero líos, ni litigios, por decirlo de algún modo, así que lo respeto todo, exacto, tienen pausas, días de descanso, todo eso, puede mirarlo, lo dice la ley, y nosotros la aplicamos, es lo normal. Cuando me cuentan historias de cosas que no se respetan, siempre pienso que, bueno, en Francia existe una ley, hay que aplicarla y punto, es así.

Al igual que Charles, la mayoría de los empleadores que conocí aseguran que consideran la ley una instancia superior que se debe respetar al máximo. En la práctica, todo es muy distinto. Charles menciona cuestiones muy vagas —jornadas de ocho horas, descansos, pausas— y las (supuestas) impresiones de sus sirvientas para afirmar que trabajan en buenas condiciones. Pero es incapaz de precisar con exactitud cuántas horas trabajan Lila y Yasmine, cuándo se tomaron sus últimas vacaciones y qué tareas llevan a cabo. Durante la conversación, comprendo que ambas cuidan del padre de la esposa de Charles, ya anciano, especialmente durante las noches, y que solo tienen una tarde libre para descansar «si lo piden». Nada de eso figura en un contrato de trabajo. Charles las tiene declaradas por doce horas semanales y les paga el resto del sueldo en negro. No obstante, recalca con orgullo que «¡en mi casa están declaradas!», convencido de que se trata de un caso extraordinario frente a todos aquellos que jamás declaran a sus sirvientas.

De hecho, la manera de proceder de Charles es de lo más corriente. El trabajo en negro existe, pero la mayoría de las grandes fortunas tienen empleados «en gris»: solo declaran una parte de las horas de sus sirvientas con el objetivo de beneficiarse de deducciones fiscales, limitadas a un número de horas que sus criadas superan con creces. Para colmo, no se firma ningún contrato. Cuando les hablo de los convenios colectivos de los asalariados del particular-empleador, los patrones demuestran un conocimiento muy superficial de todo ello. Conviene apuntar que, a lo largo de la historia del derecho laboral, esos convenios tardaron mucho en firmarse. Las criadas estaban excluidas de las luchas obreras del siglo XX. Hasta 1973, el servicio doméstico no entró en el código del trabajo francés.[4] En cierto modo, la mezcla de respeto a la ley y de omisión del derecho de la que hace gala Charles resulta muy representativa de la ambivalencia con la que la burguesía de la época se comprometió con los derechos de las criadas. El feminismo burgués cristiano se interesó por las criadas y, a partir de la década de 1930, reflexionó sobre cómo mejorar sus condiciones. Las empleadoras se preocupaban por el bienestar de sus criadas, aunque, al mismo tiempo, temían que accedieran al derecho.

Rebuscando entre las actas de las reuniones de mujeres de Acción Católica de los Independientes (ACI) y de la Juventud Obrera Cristiana (JOC), encontré esa misma tensión. «Reconocemos que tener en casa a una extranjera que no puede compartir la vida familiar es poco moral. Pero se puede intentar convertirlo en un aprendizaje para una futura vía libre», figura en el acta de una «reunión de vida» durante la cual las señoras burguesas debaten sobre su cotidianidad. Ese documento está archivado en la misma carpeta que una carta en la que se transcriben los debates en torno al proyecto de un convenio colectivo. «Hasta la misma palabra "convenio" nos horroriza.» «¡Hablamos de fraternidad! Como sigamos así, ¡será la guerra entre empleadores y empleados! ¡Se destruirá cualquier espíritu de la familia que pudiera quedar!»[5] Las mujeres que tienen criadas temen que estas se rebelen. Con todo, gracias a ellas, en 1951 ve la luz un primer convenio laboral.[6] Aunque posteriormente aparecen otras versiones, no deja de ser vago y favorable a los empleadores, cuyos intereses defiende con astucia la Federación de Particulares-Empleadores (FEPEM).

Sin embargo, las grandes fortunas que conocí no estaban afiliadas a la FEPEM ni les interesaban lo más mínimo los convenios colectivos. Las aristócratas son las primeras en oponer los convenios colectivos al «espíritu de la familia» que sus antepasados ya defendían con ahínco el siglo pasado. Gracias al legado de sus madres y abuelas, consideran que ellas «saben tratar» a sus sirvientas y que no necesitan ningún marco legal. «A mí esas cosas me superan, la verdad. ¿Qué necesidad hay de complicar las cosas? Estoy de acuerdo con declararlas, es la ley, estamos en Francia, y es cierto que eso les permite cotizar para la jubilación y, además, nosotros nos beneficiamos de las ventajas que comporta... Pero tener que hacer un contrato y empeñarse en delimitar el horario, todo eso, ni hablar, pero ¿a dónde vamos a parar?», exclama Juliette, una aristócrata francesa de cincuenta y dos años, galerista, respecto a sus cinco sirvientas. Frente a mí, critica el acceso a los derechos y a la igualdad, algo que, según ella, no debería tener lugar en su relación con sus criadas.

El carácter «interesado» que las patronas aristócratas atribuyen al contrato de trabajo se opone a su concepción del servicio doméstico como una actividad basada en el don y no en una lógica contable. Perciben el contrato escrito como una traba a la flexibilidad y a las relaciones intrafamiliares de las que supuestamente forman parte las criadas. Su subordinación está legitimada por el carácter *a priori* íntimo, personal, emocional y «afectuoso» de las relaciones, que el contrato de trabajo escrito enfriaría y despersonalizaría. Las aristócratas prefieren no fijarlo todo de antemano, sino tener un gran margen de renegociación de las tareas, los horarios de trabajo y las vacaciones. Insisten en la «fluidez» y la «simplicidad» de su relación con sus criadas. «No tienen días de descanso fijados de antemano, lo vamos viendo, según su *feeling*», explica Juliette, que asegura que sus sirvientas apenas reclaman días de descanso porque «si no, acaban aburriéndose». Por lo demás, con un total de dos días de asueto en todo el año anterior a nuestra conversación, un sueldo de alrededor de 1.300 euros mensuales y un cuarto de 10 m^2 que comparten, Juliette considera que dos de sus empleados domésticos, un hombre y una mujer de Sri Lanka, gozan de muchas ventajas que compensan el centenar de horas que trabajan todas las semanas. «Están muy contentos, porque en Sri Lanka ¡sería imposible conseguir todo esto!», añade.

Al igual que Juliette, las grandes fortunas procedentes de la inmigración tienden a tomar como referencia las condiciones de trabajo y los derechos de su país de emigración para justificar que son buenas patronas. Conciben los llamados países del sur como sociedades donde no reina ningún derecho, algo que les permite encarnar la figura de la patrona benefactora. «Un día, me dijeron que tenía muchísima suerte por ganar 800 euros al mes con alojamiento incluido, siendo latinoamericana, pero aquí nadie sabe que en América Latina muchos países han adoptado leyes para proteger a las limpiadoras», me cuenta Mariana, indignada. En efecto, algunos países, como Argentina, Chile y Uruguay, son de los primeros del mundo en haber ratificado la convención internacional n.º 189 dedicada al «trabajo decente» para las trabajadoras domésticas, y en haber adaptado su legislación.

Sin embargo, el hecho de estar declarada a tiempo completo y de contar con un contrato de trabajo no significa que todos los problemas estén resueltos. El contrato, sea oral o escrito, no es un escudo contra el ilegalismo de los ricos. Por poner un ejemplo, el contrato de Florent le imponía una multa en caso de que no respetara una práctica (llevar pañales) cuya obligatoriedad resulta de lo más dudosa desde un punto de vista legal. Así, el contrato puede legitimar las relaciones de subordinación y sellar la explotación.[7] Es el caso de los patrones de Gustave, un mayordomo francés de treinta y un años. Cuando le pido que me enseñe su contrato de trabajo con un acaudalado parisino, director ejecutivo de una empresa, abre un pequeño baúl cuya llave siempre lleva encima. La entrevista tiene lugar en casa de su señor, en el salón de uno de sus pisos parisinos, mientras otras cuatro sirvientas se afanan limpiando, planchando y cocinando. Por la noche, su jefe regresa de un viaje de negocios de tres días a Nueva York y todo debe estar perfecto. Durante su ausencia, Gustavo ha vigilado el piso y ha supervisado su mantenimiento por parte de sus subordinados. Llevamos más de diez minutos hablando de sus condiciones de trabajo. Me entero de que las cuatro empleadas domésticas, además de Gustave, duermen en unos estudios en la planta superior y tienen un contrato de cuarenta horas semanales, aunque acostumbran a trabajar el doble, como mínimo. Cobran más de la mitad del sueldo en efectivo, en un sobre, en el que a veces se encuentran «alguna sorpresa», es decir, incentivos. Al leer su contrato de trabajo, no puedo evitar exclamar: «¿Eso es todo?» y, acto seguido: «¿Eres el encargado de una tienda?». Gustave se ríe ante mi expresión perpleja. Me explica que se trata de una estrategia fiscal de su patrón: él y sus cuatro subordinados están parcialmente declarados como asalariados de una de las tiendas de cosméticos que posee su jefe. En el contrato, solo figura el número de horas de trabajo semanales y una función ficticia. Declarar a las sirvientas como si fueran asalariadas de su empresa es una estrategia típica de los empleadores que, en realidad, son patrones. Por su profesión, conocen una parte del derecho laboral y, sobre todo, distintas tácticas para conseguir una optimización fiscal. El patrón de Gustave ha hecho cálculos con el objetivo de que sus criados no le salgan demasiado caros. Ser y tener una gran fortuna no impide racionalizar los gastos y evaluar la relación entre costes y beneficios del servicio doméstico.

Explotar como es debido

«Yo no decía nada... Al mismo tiempo, no solo tengo malos recuerdos. Me pagaban bien y mi señora era amable, en general.» A medida que el cuerpo de Florent se convierte en un cuerpo de mujer y sufre violencias varias, su sueldo aumenta y el trato de su patrona y de su representante, es decir, la mayordoma, oscila entre las riñas y los cumplidos. Florent ya no sabe qué pensar. Intenta seguir los consejos de sus compañeras, que le sugieren que se imagine que trabaja de actor: por la mañana, al ponerse el vestido, la peluca y el pañal, sale a escena e interpreta un papel. Sin embargo, la cosa no es tan sencilla: durante la conversación, Florent habla de sí mismo unas veces en masculino y otras en femenino, trastornado todavía por esa doble identidad que se le ha metido en la piel y la cabeza. A pesar de todo, también recuerda los momentos en que se sintió a gusto en aquel castillo donde era «criada» y el dinero que pudo ahorrar gracias a ese trabajo.

Como regla general, los sueldos de las criadas dependen del lugar que ocupan en la jerarquía doméstica, de su especialidad y de las competencias ligadas a ella, de su experiencia, así como del prestigio de las familias a las que han servido con anterioridad. En general, su empleo, sus condiciones laborales y las relaciones que los ricos entablan con ellas se basan en una evaluación más sutil de lo que valen como personas y de su potencial poder. Si los mayordomos acostumbran a estar declarados (aunque sea con un empleo ficticio, como Gustave), cobran un buen sueldo, los tratan de usted (a diferencia de sus subordinados) y gozan de consejos de sus patrones para ahorrar (recordemos el caso de Marius), se debe, sin duda alguna, a su experiencia, a que tienen más formación que los demás y a su prestigio, que contribuye a aumentar su valor en el mercado del servicio doméstico. Pero, ante todo, se debe al hecho de que son hombres, tejen unos lazos privilegiados con los hombres de la familia y tienen una proximidad afectiva y de género con ellos. La tarde que conversamos, Jacques, el aristócrata que me confiesa el malestar que le generaba su sirvienta Falia, recuerda: «¡Tuvimos un mayordomo! Era joven, me reconocía en él a su edad». Aquel joven era un estudiante de unos veinte años, francés y blanco, bastante alto, como Jaques a su edad. Estudiaba en la Sorbona, como Jacques. «No podía dejar de imaginarme a su edad, siendo mayordomo, ¡y era insoportable, porque fui un estudiante brillante!» La proximidad de aquel estudiante le resultaba tan insoportable que Jacques prefirió echarlo. Las grandes fortunas se sienten menos legitimadas para dominar a individuos que se les asemejan.

Como un espejo, las sirvientas confrontan a los ricos con sus privilegios, su poder y la opresión que pueden ejercer. Las investigadoras feministas que estudian la relación entre las criadas inmigrantes y sus patronas ya habían observado que la identificación de género entre dos mujeres diferentes que no comparten características de clase ni de raza es, al mismo tiempo, una fuente de complicidad y de grandes tensiones.[8] El grado de proximidad objetiva y subjetiva entre patrones y sirvientas es el núcleo del mecanismo de explotación dorada: cuanto más «se parecen» las sirvientas a sus patrones, más las colman económicamente, mejor compensan su arduo trabajo.[9]

Gustave es un francés blanco, originario de Auvernia, como su empleador. Estudió un curso de economía en la universidad, cosa que a veces le permite debatir con su patrón, que tiene un máster en economía. Su patrona a menudo lo llama involuntariamente Maurice, como a su hijo de la misma edad. Cuando le pregunto cuántas horas trabaja al día, tarda bastante en contestarme. Al cabo de unos minutos de reflexión, me dice que con suerte duerme tres horas por la noche. El resto del tiempo lo consagra a sus patrones. Por la noche, no cose ropa, como Mariana, sino que repasa los expedientes administrativos de su patrón, debate con el departamento de recursos humanos de la empresa de su jefe (de la que él, al igual que sus compañeras de trabajo, es asalariado) y organiza las vacaciones de la familia.

Gustave también se encarga de distribuir los incentivos y los días de descanso entre sus compañeras de trabajo, de manera que él mismo desempeña labores propias de recursos humanos. Tiene algunas nociones de derecho laboral y precisamente fue contratado, en parte, para ejercer el papel de «intermediario legal» entre su patrón y las demás sirvientas.[10] Ironías del destino: debe arreglársela para que sus compañeras no reivindiquen nada ni revelen que las han contratado para un puesto que en realidad no existe. Gustave tiene un truco: «Repetirles que su trabajo es vocacional y hacerles un montón de regalos. Pequeños objetos, detalles, un fular, chocolate, cosas que las animen cuando el trabajo es demasiado duro», asegura. Por su parte, Gustave cobra 5.000 euros mensuales y una decena de incentivos de 300 euros al año, pero no tiene ni un solo día de descanso, jamás sale de casa de sus patrones y ha perdido por completo el contacto con su familia y sus amigos. Pese a sus conocimientos de derecho laboral, no se lo aplica a sí mismo.

El caso de Florent es muy revelador de los mecanismos que subyacen a esa explotación dorada. Las normas de género encarcelan a las mujeres bajo la dominación masculina, de manera silenciosa y violenta, dado que operan en el hogar y la familia. El hecho de tener a un hombre en el servicio doméstico subvierte el paradigma de género que marca las relaciones entre patrones y sirvientas. Casi todas las patronas con empleados masculinos reconocen lo mismo, algo que una de ellas resume a propósito de su cocinero: «Con él soy más seca, porque debo imponerme, pero a menudo me da la impresión de que digo que sí a todo lo que me pide, sin pensarlo». Las mujeres ricas se sienten menos capacitadas y legitimadas que sus maridos para dirigir a hombres en su casa. Tienen dos opciones: o bien hacerse a un lado ante el tándem esposo-sirviente o bien, por el contrario, vencer, aunque sea de manera brutal, la dominación de género. Así puede interpretarse el travestismo forzado de Florent, quien, al convertirse en mujer, se vuelve moldeable por parte de otra mujer. «Para ella, era más fácil que yo fuera una mujer», explica en varias ocasiones. En el fondo, pues, las normas de género no se subvierten.

Esa lógica de afianzamiento de las normas de género también se observa, de manera más sutil, en otras patronas, que se convencen de que sus empleados son homosexuales. Los mayordomos, los chóferes o los cocineros que conozco aseguran que en el servicio doméstico abundan los gais, pero no necesariamente es verdad. Sin embargo, a las patronas les encanta interpretar la «elegancia», las «maneras», la «clase» e incluso la «dulzura» de sus sirvientes como una señal de su sexualidad desviada, pese a tratarse de comportamientos que ellas mismas exigen y a menudo enseñan a esos hombres. Dorothée, la esposa de Charles, con quien charlé de manera informal tras mi larga conversación con su marido, ilustra perfectamente esa fantasía al contarme que tuvo a su servicio a un hombre de familia obrera a quien encontraba demasiado «grosero» y «torpe», pero que con el paso del tiempo se fue volviendo «refinado» y «coqueto». Una prueba, en su opinión, de su «homosexualidad reprimida».

La suposición de que un hombre del servicio doméstico es homosexual deja de ser sistemática en el caso de los inmigrantes. En ese caso, su selección, la división del trabajo y los juicios sobre ellos a menudo traslucen prejuicios racistas. En general, los patrones no temen tanto a las sirvientas mujeres procedentes de clases populares inmigrantes, sin apenas formación, y todavía menos a aquellas que no hablan francés ni tienen la nacionalidad francesa. Como hemos visto, guardan las distancias con las características supuestamente «culturales» que les incomodan de esas sirvientas, pero no temen que se rebelen, que los denuncien o que cuestionen las normas dominantes de clase, de raza y de género, ni el sentido de la dominación. Por tanto, ni se plantean compensar su trabajo pagándoles igual que a un hombre como Gustave, por ejemplo. Nadine, a quien me he referido en el capítulo 4, recuerda cómo le agradecieron y recompensaron su trabajo en sus puestos anteriores:

—*¿Ganabas menos que ahora?*

—Sí, claro. Bueno, llegaba al sueldo mínimo, así que ¡no estaba nada mal para mí!

—*¿Para ti?*

—Una árabe recién llegada de Marruecos... que no hablaba bien francés... Además, en aquella época, yo era muy tímida. ¡Decía que sí a todo! «Nadine, ¿puede trabajar el domingo?» «¡Sí!» «Nadine, esta noche no podrá terminar a las diez, y mañana quiero que me sirva el desayuno a las cinco.» «¡Sí!» «Nadine, las baldosas están sucias. Tendrá que limpiarlas esta noche, porque mañana vendrán invitados.» «¡Sí!» En fin, ¡que decía sí, sí, sí, a todo!

—*¿Y cómo te lo agradecían?*

—Pues me decían: «¡Gracias, Nadine, es usted una joya!». Yo solo tenía derecho a eso, a sus «gracias». Y podía quedarme el maquillaje que la señora ya no se ponía. Pero ¿cuándo iba yo a usar los pintalabios rojos de Chanel? Ah, y a menudo también me daban chocolate, un chocolate muy muy bueno, la verdad. Les bastaba con «comprarme». Tenían razón, ¡me quedé allí cinco años!

—*¿Por qué dices «comprarme»?*

> —Porque es así, los ricos te compran. ¡Pero a mí me compraron más barata que a las demás! Porque no decía nada. No les daba miedo. No tenía los papeles franceses. Necesitaba dinero. Me decían que cobraba el sueldo mínimo, pero en negro. [...] Ahora lo estoy pagando, porque nunca tendré una buena jubilación.

Nadine ha observado que las sirvientas tienen «precios» distintos a ojos de las grandes fortunas. Que sus condiciones de trabajo y de empleo dependen en gran medida de su vulnerabilidad y del poder que son susceptibles de ejercer sobre sus patrones. «Yo ya no contrato a franceses; prefiero a asiáticos o a gente del Este, que no arman tantos líos, ni protestan constantemente porque los tratas mal», declara Anaïs, una prima de Juliette, que está presente durante nuestra conversación. Anaïs es francesa, tiene cuarenta y pocos años y vive de la inmensa fortuna que ha amasado su marido a través de las finanzas. Solo interviene cuando hablo del derecho laboral. «A los franceses, para que hagan lo que les dices que hagan, hay que darles la luna. Para colmo, ¡te amenazan con denunciarte! Los otros no. Mi criada moldava se conforma con una palabra amable o una crema de manos. ¡Con esa gente todo es más fácil!»

Más vale eso que nada

Las componendas de los ricos con las leyes y la explotación dorada aún se consolidan más eficazmente gracias a la complicidad de las sirvientas. Al preguntarle a Gustave cómo se siente estando declarado como encargado de una empresa cuando en realidad es mayordomo, se encoge de hombros y contesta: «A mí me da igual, en el fondo. Me gano bastante bien la vida, así que lo que ponga mi nómina... Desde luego, ¡no todos los empleados domésticos tienen nómina!». Y al preguntarle cómo puede trabajar tanto y descansar tan poco, se ensombrece. «Lo he elegido yo. Estoy consagrado a esa gente, debo servirles, debo ser fiel. Es mi vocación.» Otras sirvientas asocian su abnegación con su religiosidad: Mariana, María-Celesta y sus amigas sudamericanas, las criadas filipinas o las procedentes del oeste de África acuden regularmente a parroquias y se declaran fervientes cristianas.

Las sirvientas de los ricos se convencen de que están haciendo el bien y de que sus esfuerzos se verán recompensados, aunque no tengan una idea muy concreta de cómo. ¿Cuántas de ellas pueden disfrutar de sus inversiones inmobiliarias y de su familia, como Marius, al mismo tiempo que trabajan para los ricos? Gustave ha roto por completo con su familia y sus amigos. Dice que sus patrones son su familia. Sin embargo, jamás ha compartido mesa con ellos, jamás ha gozado de los bufés y de la piscina cuando los acompaña de vacaciones, jamás se viste como quiere (su patrona lo encuentra «perfecto» con una camisa y una chaqueta negras). En cambio, puede ahorrar y tiene una cuenta corriente relativamente bien provista. «¡Ya disfrutaré cuando me jubile!», dice sin demasiado convencimiento. Le pregunto dónde piensa jubilarse. «No lo sé», contesta con la mirada perdida. Acto seguido, se echa a llorar y se desmorona, aunque hasta entonces había hecho gala de una actitud desenfadada y de mucho sentido del humor. «La verdad es que estoy muy solo», susurra.

A María-Celesta, la jubilación le parece «una broma». «La jubilación es una broma. ¿Qué jubilación?» Para ella, todas las sirvientas acaban saliendo perjudicadas. Como han trabajado en negro, no han cotizado y, al envejecer, se encuentran «completamente atrapadas». Si se han ganado bien la vida y han podido ahorrar, están «destrozadas» y «muy solas», asegura. Cita el caso de una amiga lejana que, al parecer, compró una casa grande en Portugal a los sesenta y siete años y, al cabo de dos años, se murió «de tristeza». «Tenía una hija, a la que había dejado en Brasil, que no volvió a ver una vez jubilada, y eso la hundió.» Fruto de su larga experiencia, María-Celesta tiene una opinión muy clara sobre este asunto: «De una manera u otra, esa gente siempre te engaña».

Las sirvientas que todavía están en activo se muestran más moderadas. Por duras que sean sus condiciones de trabajo, afirman que salen ganando. Aquellas cuyos derechos pisotean declaran estar satisfechas con lo que tienen. Es el caso de Joyce, una nigeriana de treinta y seis años, soltera y madre de dos hijas. La conocí en Sudáfrica, cerca de Ciudad del Cabo. Por aquel entonces, estaba investigando sobre las escuelas internacionales de mayordomos (*butlers*), por eso viajé a aquella región, donde se había fundado una de esas escuelas.[11] Conocí a Joyce en un barrio de chabolas donde vivía uno de los alumnos de la escuela, Akrid, que me invitó varias veces. Conversé con ella durante horas y seguimos en contacto a distancia, tras mi regreso a Francia. Joyce ha sido sirvienta en Níger, en Sudáfrica, en Zimbabue y en Francia. Siempre ha trabajado en negro. Trabajaba más de dieciocho horas diarias, le daban alojamiento y comida, pero solo las sobras. Durante tres años, en Francia, sirvió a una familia francesa de altos funcionarios en la región de París. En su casa, no tenía permiso para salir a la calle y, por tanto, no podía comprar nada de comer para completar su escasa alimentación, compuesta de restos de sopa, huesos y mendrugos de pan. Sus patrones le habían escondido el pasaporte. Cuando creían que no era suficientemente rápida, le daban bofetadas. «Me decían: "Tú sí que eres africana: ¡eres lenta y floja!".», recuerda. Perdió más de quince kilos. «¡Un régimen baratísimo!», bromea, como si tratara de desdramatizar una experiencia que la traumatizó. Ganaba un tercio del sueldo mínimo de la época. «Pero me bastaba», apunta. Mandaba casi todo el dinero a Níger, para sus dos hijas, y se quedaba una ínfima parte «por si acaso». Se sentía afortunada. En la actualidad, Joyce asegura que no estaba tan mal y que incluso pidió a sus patrones que no la declararan. Algunas trabajadoras de clase humilde y sin apenas formación consideran beneficioso trabajar en negro, dado que así, a corto plazo, pueden optimizar sus ingresos, cobrando ayudas sociales y ahorrándose los impuestos. A Joyce le gustaba que le pagaran en billetes, a final de mes, para poder enviar el dinero a su país y guardar unos cuantos billetes en una cajita.

Numerosas sirvientas de origen inmigrante y de clase popular han interiorizado el hecho de que el mercado de trabajo no es favorable a ellas y deben contentarse con muy poco. A medida que sufren malas condiciones laborales, que les niegan sus derechos y que se enfrentan a la violencia familiar e incluso a los conflictos políticos de su país de origen, ajustan sus exigencias. Sin embargo, eso no les impide encontrar, en puestos de trabajo objetivamente muy duros, una forma de independencia al escapar de las garras del patriarcado. Durante toda su infancia, Joyce fue violada por su padre y sus hermanos. A los catorce años, tuvo dos hijas, gemelas, de uno de ellos. Para que su padre no la matara, se escapó a Sudáfrica. Allí encadenó trabajos como criada, se prostituyó y consiguió huir a Zimbabue. Allí se casó con un blanco millonario, que abusó de ella y luego la mandó a trabajar a casa de unos amigos franceses, que fueron sus patrones en Francia. Creyendo que iba allí a «hacer de puta», en sus palabras, descubrió una realidad muy distinta, pero igualmente sórdida: «¡Solo querían una esclava!», cuenta, haciendo hincapié en el alivio que supuso no tener que revivir los abusos sexuales. Ante esa trayectoria, resulta comprensible que Joyce diga que sale ganando con esa familia: ¿qué esperanzas puede albergar después de todo lo que ha vivido?

El caso de Joyce es extremo, pero alumbra la ambivalencia de la emancipación a través del servicio doméstico. Muy a menudo, las condiciones de trabajo se miden en función de experiencias particularmente liberticidas en la vida personal o profesional. Al afirmar que situaciones laborales violentas y en ocasiones ilegales —o al menos poco ventajosas— merecen la pena, las sirvientas subrayan de manera indirecta la miseria de una condición colectiva: la de las clases populares, la de las mujeres, la de los inmigrantes o las personas racializadas. Esa condición mísera aún autoriza más a las grandes fortunas a violar el derecho y darles lo mínimo: habida cuenta de lo que han vivido esas sirvientas, de lo que son y de lo que pueden esperar, sus empleos siempre son «mejor que nada». «¿Cree usted que estaría mejor durmiendo debajo de un puente?», me preguntó una vez un empleador, ante mi sorpresa al enterarme de que su criada dormía en un cuchitril. Desde esa perspectiva, aquella sirvienta estaba mejor que cuando vivía en la calle, desde luego. Pero esa perspectiva es dura y nada humana.

Cuando reina el miedo

Entonces, ¿por qué se quedan?, cabe preguntarse. Si sus condiciones de trabajo son tan duras, si apenas tienen derechos, ¿por qué siguen sirviendo a los ricos? «¿Todavía hay gente tan idiota como para ser esbirro de los ricos?», me preguntó una vez un amigo ingeniero, de origen humilde. Cuando le conté que personas con su misma formación trabajan de mayordomo, se quedó boquiabierto.

Las sirvientas no son estúpidas, ni sumisas, ni masoquistas. Sin embargo, pese a las dificultades, las que he conocido siguen y desean seguir sirviendo a los ricos, consienten y callan ante ciertas situaciones. Una explicación estrictamente psicológica resulta insuficiente: la angustia y el sometimiento que muestran algunas constituyen síntomas reales, pero a menudo aislados de los mecanismos sociales que las disponen a continuar siendo sirvientas. Dos elementos centrales determinan su consentimiento.

En primer lugar, la *illusio* del servicio doméstico, a la que me he referido en varias ocasiones a lo largo de los capítulos anteriores. Numerosas criadas se enorgullecen de servir a individuos que se encuentran en la cumbre de la sociedad, habida cuenta, además, de que participan en el éxito social y económico de sus patrones, tal y como he explicado anteriormente. En muchos casos, convertirse en sirvienta supone un ascenso social y procura sentimientos gratificantes de utilidad y de éxito. El hecho de estar al servicio de alguien de manera cotidiana, en la intimidad de su casa, genera interacciones y afectos que, por ambivalentes que sean, favorecen la complicidad, la comprensión y la empatía por los patrones. Las sirvientas, pues, tienen razones de sobras para sentirse ligadas a sus patrones. Ese apego forja una lealtad que trasciende la simple profesionalidad. Por último, el consentimiento de las sirvientas opera gracias a las retribuciones simbólicas y materiales del servicio doméstico. Elogios, sueldos, incentivos, regalos, alojamiento, comida y otras ventajas en especias contribuyen, en proporciones variables, a suavizar la penosidad del trabajo, los abusos e incluso la violencia. A través de representaciones y de prácticas más o menos conscientes por parte de las grandes fortunas, la *illusio* sella el pacto de confianza y de secreto entre ellas y sus sirvientas.

Por otra parte, existe un segundo elemento que contribuye a que las criadas sigan al servicio de los ricos pese a las decepciones que experimentan: el miedo. Lucia, una portuguesa de sesenta y pocos años, reflexiona sobre esta cuestión a propósito de la aristócrata para la que trabaja en una pequeña ciudad de clase alta del norte de París.

> Pablo, mi marido, me dijo: «Deberías pedir [que te pagaran] 10 euros [por hora]». Al principio, no quería, porque me caía muy bien la familia y no quería arriesgarme a que me vieran mal. Pero lo acabé pidiendo, recuerdo perfectamente el momento. Yo estaba en la cocina, terminando de preparar una tarta de manzana, y entonces llegó la señora y le dije: «Señora, tengo que decirle algo». Y ella me dijo: «Adelante, Lucia, dígame». «Bueno, como ya llevo un tiempo aquí, quizá podría cobrar 10 euros [por hora].» ¡Ay, Dios mío, dije algo que no debería haber dicho! Miró la tarta y dijo: «Lucia, jamás habría pensado eso de usted, comiendo sus deliciosas tartas. ¿Acaso debo buscar a otra persona?». Entonces le dije: «¡Oh, no, señora, perdóneme! Quiero quedarme». ¡Así que fue la última vez que lo intenté!

Aunque lleva tres años trabajando para su patrona, Lucia nunca ha recibido un aumento. Sin embargo, muchas de sus amigas ganan entre 10 y 12 euros la hora. Antes de atreverse a pedir que le pagara más de 9 euros la hora, Lucia había dejado pasar varios meses, porque le aterrorizaba la idea de que su patrona se negara: temía que ya no confiara en ella, que la echara y que le creara mala fama en el barrio, algo que a Lucia le habría dificultado enormemente encontrar otra casa donde trabajar. «Tendría que haber cambiado de lugar, pero ¿a dónde ir?» Lucia no vive en casa de sus patrones. Todas las noches, regresa en autobús a su casa, situada en una ciudad vecina, con su marido. No quiere abandonar esa ciudad donde vive toda su familia: sus hijos, sus nietos, sus tíos, sus tías, sus hermanos, sus hermanas y sus primas. Teme que la echen por cuestionar sus condiciones de trabajo, una posibilidad inconcebible para ella: su marido gana poco dinero, deben pagar un alquiler y desea ayudar económicamente a sus hijos.

La precariedad que sufren las sirvientas más pobres y peor pagadas explica su silencio. Si no echaron a Lucia, fue porque dejó de negociar con su patrona. En efecto, esa afrenta le costó el puesto a la sirvienta que lo ocupaba antes que ella, que había insistido en varias ocasiones para reducir las horas de trabajo o para una mejora salarial. La echaron de la noche a la mañana, sin pagarle el último sueldo.

Entre las sirvientas con estudios y mejor pagadas, con una gran retribución material, también existe el miedo a perder el trabajo, aunque no se trata de un miedo estrictamente económico. En su caso, tienen otras vías para emprender una reconversión laboral: la hostelería, profesiones relacionadas con el lujo y la gestión, por ejemplo, sectores en los que ya tienen cierta experiencia algunos mayordomos. Con todo, arriesgarse a perder un trabajo al servicio de los ricos significa, además de perder el alojamiento y numerosas ventajas en especias, perder una familia. Pese a que la pertenencia familiar no es más que una fórmula retórica, usada por unos empleadores particularmente explotadores y paternalistas, las sirvientas permanecen fieles a ellos por temor a ser proscritas y aisladas. Ese era el caso de Florent y es el caso de Gustave. «No tengo ni idea de a dónde iría, si me echaran. ¡Sería horrible, me quedaría solo!» Gustave jamás sale del domicilio de sus patrones. Antes de entrar al servicio de los ricos, rompió el vínculo son su familia y no tiene amigos. «De hecho, son mi única familia», concluye con amargura. Por otra parte, teme estar solo y tener que enfrentarse a sí mismo durante los días de asueto. «En el fondo, me va bien trabajar constantemente; si no, lo veo todo negro y me siento solo.» La excesiva dedicación al trabajo de algunas sirvientas también se explica por su soledad y sus conflictos familiares o sociales.

¿Las sirvientas, pues, están resignadas a obedecer y a pasar por alto sus derechos? La realidad es más compleja. Si Joyce ha encadenado varios puestos de criada, es porque se ha escapado más de una vez. A Lucia ya la echaron de un trabajo anterior porque cuestionó la forma de ordenar los armarios de su patrona. Gustave dejó de trabajar para una familia con la que «no se sentía del todo a gusto». En cuanto a Florent, sí que abandonó por completo el servicio a los ricos. De hecho, el *turn-over* es omnipresente en el servicio doméstico. En parte, demuestra la capacidad de las sirvientas de crearse espacios de poder que acaban irritando a los ricos, de levantar la voz y en ocasiones de huir.

6

Quedarse o marcharse

Postergué varias veces anunciar a Margaret, que me tenía contratada como niñera y ayudante de cocina, que quería dejar el trabajo. Jamás me hubiera imaginado lo difícil que me resultaría decírselo. Había logrado convencerme de que yo era indispensable para su familia, sobre todo para sus cuatro hijos. De repente, me sentí atrapada por mi compromiso con ella: no le había comunicado que, una vez concluida mi investigación, me marcharía. Cuando me hablaba de la fiesta de primavera del menor o de que el mayor pronto empezaría la secundaria, Margaret pensaba que yo estaría presente y que compartiría esas experiencias con ellos. De hecho, para conseguir que me contratara, no había podido mencionar la duración de mi compromiso. «Me han dejado plantada, de manera que esta vez quiero alguien que no se marche enseguida», me había explicado en la primera entrevista. ¿Cómo se las arreglaría si me iba? Además, me había encariñado con los niños, especialmente con el pequeño Hippolyte, que podía pasarse una hora entera hablándome de las hormigas, que de camino al colegio caminaba muy despacio, con una expresión soñadora, y a quien le encantaba ayudarme a cocinar. También echaría muchísimo de menos a Manon y Patrick, mis compañeros de trabajo, la señora de la limpieza y el chófer, respectivamente. Ni siquiera a ellos me había atrevido a decírselo. ¿Iba a traicionar nuestra complicidad? Transcurrieron varias semanas hasta que, con un nudo en el estómago, le comuniqué a Margaret que mis estudios me impedían seguir trabajando para ella.

Si siendo una empleada a tiempo parcial desde hacía solo unos meses sentí tanta angustia ante la idea de anunciar mi renuncia, ¿qué deben de experimentar las sirvientas que dejan un puesto de trabajo al servicio de una familia después de trabajar allí varios años a jornada completa? La partida genera emociones muy intensas en las que cristaliza la *illusio* del servicio doméstico: la sensación de haberse vuelto indispensable, la promesa implícita de ser fiel y de consagrar la vida a los patrones, el agradecimiento por haber sido contratada, alojada, alimentada y compensada con regalos cuyo valor económico o emocional es casi incalculable suelen provocar un sentimiento de culpa en las sirvientas. A ello se suma el apego real que sienten por la familia a la que sirven y el miedo a la reacción de las patronas, a su venganza, a no volver a encontrar trabajo o a una soledad repentina. Sin embargo, las sirvientas se marchan de todas formas. Superan el apego y el miedo. ¿Por qué y cómo se marchan? ¿Para hacer qué? «Nos marchamos para quedarnos mejor», me dijo un día Mariana, resumiendo con agudez la «inestabilidad estable» en la que viven la mayor parte de las sirvientas que conocí, por paradójico que parezca. Cambiar de trabajo no significa que la *illusio* alcance su límite. Por el contrario, ilustra su fuerza: las sirvientas no renuncian al juego, sino que continúan jugando, buscando un nuevo puesto.

Cuando el vaso se colma

Cuando empiezan a trabajar en una casa, las sirvientas sellan un contrato de confianza, sea de palabra o por escrito, con su patrona. Seleccionar al personal por el boca a boca, prestar atención al cuerpo y a la compostura, controlar sus tareas, su apariencia y su comportamiento, compensar su entrega con regalos: todo eso pretende afianzar la relación para que dure el máximo de tiempo posible. En el universo de las grandes fortunas, ser una «buena» patrona o una «buena» empleada se mide, en parte, por la antigüedad de las sirvientas de la familia. Las patronas se enorgullecen de tener a su servicio a las mismas criadas desde hace varios años. Y no es de extrañar, dado que, pese a sus esfuerzos por encontrar «la perla rara», las relaciones entre ellas siguen siendo efímeras. De hecho, por esa razón numerosas aristócratas lamentan que las sirvientas ya no sean «como antaño» o que no haya «auténticas criadas» que consagren su vida a sus patronas. La queja no es nueva: a principios del siglo xx, en Europa, la aristocracia y la alta burguesía ya deploraban la falta de entrega y de «pasión» del personal, así como su deseo de abandonar el servicio doméstico para trabajar en fábricas o comercios.[1] Sin embargo, ni siquiera en aquella época la trayectoria de las sirvientas era homogénea o lineal: mientras que algunas sí que consagraban su vida a servir a una sola familia, para otras no era más que una etapa de su trayectoria profesional o matrimonial. Tanto hoy en día como antes, las patronas saben que no pueden dar por sentado que las criadas permanezcan a su servicio durante toda la vida. Sin embargo, el ideal de dedicación absoluta y duradera ha perdurado a lo largo de los siglos, de ahí que la marcha de una criada casi siempre se viva como una traición, como algo repentino que supone un descalabro para las patronas. Estas no ven, o no *quieren* ver, la posibilidad de una partida que las obligará a encontrar a alguien «de confianza», pero también a preocuparse por los secretos que han revelado. Una señora, Bérénice, califica de «choque» la marcha de una de «sus» criadas.

—Me quedé en choque. Absolutamente en choque. Ni siquiera la entendí cuando me anunció que nos dejaba. ¡Casi me desmayé!

—*¿Tan grave fue?*

—¡No me lo esperaba! Todo iba bien, todo marchaba bien entre nosotras. Bueno, esa era la impresión que tenía yo... Desde luego, ¡me equivocaba! Lio sus bártulos. Me dijo que era porque su madre estaba muy enferma y ella tenía que cuidarla... [*Tuerce el gesto.*]

—*No parece usted creérselo...*

—No. Es por otra cosa, que nunca sabré.

Esa otra cosa es «la gota que colma el vaso», como dice Vanda, la antigua criada de Bérénice, a quien conocí unos meses después de mi entrevista con su empleadora francesa de unos sesenta años, preparadora en un laboratorio farmacéutico, que heredó la enorme fortuna de uno de sus exmaridos. Es la primera vez que una patrona me da por voluntad propia las coordenadas de una antigua sirvienta que se marchó a su pesar. Jamás me habría atrevido a pedírselas, dada lo tensa que parece al contarme la renuncia en cuestión. Cuando me acompaña a la puerta de su inmensa casa en Versalles, comprendo que cuenta con que le desvele las razones de la partida de Vanda: «Si la ve, ¡le agradeceré que me dé noticias suyas!», me dice, mientras me da un apretón de manos, clavándome la mirada. El tiempo que ha dedicado a conversar conmigo y las coordenadas de Vanda reclaman ese contradón, algo que me causa una gran incomodidad, acrecentada por el hecho de que aún no me había visto obligada a prestarme a ello con grandes fortunas, excepto por bombones o flores que he enviado para dar las gracias a personas que me habían ayudado particularmente.

Al cabo de dos meses, pese a mis vacilaciones, me pongo en contacto con Vanda, una inmigrante checa de casi treinta años, hija de artesanos. Deseo comprender el porqué de su partida, pero le prometo que no revelaré nada a su antigua patrona. Se niega en redondo, antes de que descubramos que es la prima de otra entrevistada, Ninon, una doncella con quien ya he conversado. Esa feliz coincidencia confirma el grado de cooperación que requiere entrar en el servicio doméstico. Después de llamar por teléfono a su prima Ninon, que ahora vive en la Bretaña pero regresa a París de vez en cuando, Vanda acaba aceptando que la entreviste. Como es reticente a hacer confidencias en un lugar público, la invito a mi casa, un espacio tan improbable como nuestro encuentro para retomar la entrevista donde la habíamos dejado:

> «[Bérénice] me pedía que trabajara durante más de doce horas diarias, a veces quince, a veces más... ¡Ya no podía más!», exclama Vanda. Por una vez, soy yo quien sirve el té a mi interlocutora. Mientras me observa, prosigue con el mismo tono: «Tú también sirves las tazas muy llenas. Una vez, serví el té así y me echó una bronca. Solo tenía que servir té hasta la mitad de la taza; si no, ¡era un desastre!». Efectivamente, su expatrona me había hablado de la manera de servir el té de Vanda, aunque estaba convencida de que esa no podía ser la razón de su marcha inesperada. «Estaba muy cansada. Me hice unos análisis de sangre y salió que tenía

una anemia muy fuerte... Había perdido el apetito porque me sentía desbordada. Unos días después de los análisis de sangre, me pidió que trabajara el domingo, aunque yo no trabajaba los domingos. ¡Fue la gota que colmó el vaso!» (Cuaderno de campo, notas tomadas en febrero de 2018.)

Las sirvientas no tienen derecho a ponerse enfermas. Cuando ya no pueden ocultar su enfermedad, sus patronas mueven montañas para que las curen lo más eficazmente posible. Les organizan consultas carísimas con los mejores especialistas y recurren a enchufes en hospitales para que puedan retomar su actividad cuanto antes. Sin embargo, muchas criadas prefieren no comunicar su enfermedad: mostrarse vulnerable resulta demasiado arriesgado en un mercado laboral en el que la higiene, la fuerza y la resistencia corporal concentran la atención de las empleadoras que las seleccionan.[2] Entonces aguantan hasta que desfallecen. Tras dos años trabajando en casa de Bérénice, Vanda decide marcharse. Como ella, otras sirvientas, al entrevistarlas, me cuentan las situaciones que las llevaron al límite. Vanda reconoce que estaba agotada y que consideraba injustas sus condiciones de trabajo: «Creo que me merecía que me tratara mejor», afirma, arrepintiéndose de no haberse atrevido a decir a Bérénice que su salud corría peligro. Era incapaz de negociar nada con su patrona. «Me aterraba, aunque en realidad no era tan aterradora», concluye.

En todo el mundo, el sentimiento de injusticia de las sirvientas en ocasiones las empuja a participar en movilizaciones colectivas apoyadas por sindicatos o bien, de manera más discreta, a llevar a cabo pequeños actos de resistencia cotidiana: tomarse algunos ratos de pausa, reorganizar su trabajo, criticar en voz alta a las patronas en una lengua que estas no comprenden, sonreír para parecer impenetrables, echar pestes, esconder objetos o incluso robar.[3] Entre los ricos, no se dan luchas colectivas ni sindicalización. Las criadas pueden ayudarse las unas a las otras en caso de conflicto con las patronas, solidarizarse para encontrar otro puesto de trabajo o salir de la casa sin que la patrona o el mayordomo que las supervisa se entere, pero el sentido colectivo se construye, ante todo, a través de la lealtad y la dedicación a un trabajo en cadena.

Dicho esto, al igual que los obreros u otros grupos cuyo trabajo está muy jerarquizado, las criadas resisten, pese a la dominación cercana.[4] Eso sí, resisten de manera individual y pocas se atreven a levantar la voz, dado que se desenvuelven en un medio profesional muy heterogéneo en cuanto a funciones, características y trayectorias de todas aquellas y todos aquellos que trabajan juntos por el bien de sus patronas y patrones. Así, el mayordomo se muestra fiel por un incentivo que puede duplicar su sueldo mensual; la cocinera se inventa un plato nuevo a diario para poder negociar con el jefe de cocina un día de asueto suplementario; la señora de la limpieza coloca flores frescas en el centro de las mesas cada dos días con la esperanza de que la patrona se fije en su trabajo; el chófer se informa sobre las marcas de coches de lujo para favorecer la complicidad con su jefe con la ilusión de que este le invite a algún acto deportivo. Todas ellas y todos ellos tienen distintas razones para luchar, resistir y negociar. Su único interés común es lograr que «todo marche bien», según una expresión que aparece a menudo en las entrevistas. Vanda lamenta amargamente que la otra empleada que trabajaba con ella en casa de Bérénice nunca la ayudara a acortar su horario. «Ella se encargaba de la ropa, sobre todo, y yo de todo lo demás. También tenía muchísimo trabajo, era miedica. Sufríamos juntas, pero no por las mismas razones: yo curraba demasiado y ella se pasaba el día respirando lejía y vapor... Tosía horrores, pero no decía nada», recuerda Vanda. Frente a la imposibilidad de expresar su padecimiento, decidió marcharse, pese a que siempre había callado por temor a perder el trabajo. En su caso, «la gota que colma el vaso» fue aquel domingo que tuvo que trabajar, lo cual le hizo tomar una decisión radical, que no había sopesado con calma. «¡No sabía qué iba a pasar después!», exclama.

En busca de algo mejor

En la actualidad, Vanda ya no se dedica al servicio doméstico. Cobra el paro y limpia por horas en algunas casas, en negro. Su marido trabaja en el sector de la construcción y se gana bien la vida. Según ella, fue eso lo que le permitió abandonar definitivamente el universo de las grandes fortunas. Vanda también alega la «falta de motivación», el «agotamiento» y el «desánimo»; confiesa que perdió «la pasión por el servicio» que había sentido durante los diez años que trabajó como empleada del hogar polivalente a jornada completa. He conocido a poca gente que, como ella o Florent, haya dejado el servicio doméstico. Eso no significa que las sirvientas ocupen su puesto durante toda su vida, sino que aguantan durante un período suficientemente largo como para que en la investigación se encuentren indicios de una «inestabilidad estable» en el empleo doméstico. Ese fenómeno también se refleja en el testimonio de Lydia Lecher, una antigua mayordoma que publicó una autobiografía titulada *Bienvenue chez les riches*,[5] en la que narra sus experiencias sucesivas en varias familias, así como sus numerosos cambios de empleo a lo largo de su carrera. Para ella, fue una manera de «aguantar» en lo que denomina «el infierno de los ricos». Entre las sirvientas que conocí, ese *turn-over* interno que consiste en cambiar de empleador es una condición *sine qua non* para seguir sirviendo a las grandes fortunas.

Dejar un trabajo para encontrar otro equivalente responde a dos lógicas: sobrevivir ante el agotamiento físico y psicológico, así como prosperar por la sobrepuja, buscando siempre un puesto de trabajo mejor remunerado que el anterior. En ocasiones, esa segunda lógica es tan marcada que, poco después de ser contratadas, las sirvientas ya empiezan a informarse sobre puestos vacantes en otras familias. Hacen «planes», en sus palabras. Nadine, una inmigrante marroquí de cuarenta y seis años, lo explica claramente: lleva seis años trabajando para el mismo patrón,* pero lo considera algo excepcional, dado que anteriormente había encadenado empleos de dos o tres años. En cuanto encontraba un nuevo puesto, empezaba a buscar el siguiente. «Me informaba a mi alrededor, para prepararme para el siguiente trabajo. Soy una persona organizada, pero también sufro bastante estrés, de manera que prefiero saber a dónde iré. Me mantenía al corriente de todo», explica. Como las amigas y las excompañeras de Nadine también trabajan en el servicio doméstico de las grandes fortunas, recurría a ellas. «Si se liberaba una plaza, fuera en el barrio donde trabajaba o en la otra punta de Francia, me avisaban.» Pese a que Nadine justifica sus «planes» aduciendo razones propias, como el hecho de ser organizada y la voluntad de reducir su estrés, en realidad, esa anticipación es muy corriente entre las sirvientas. Con todo, hacer «planes» resulta complicado. Hay que mantenerse al corriente de todo, pero sin que se enteren los patrones ni las compañeras de trabajo. «Por

* Véase el capítulo 5.

supuesto, todo el mundo debe pensar que te vas a quedar mucho tiempo, que estás contenta en tu puesto y que no estás buscando otro. Y, al mismo tiempo, quería saber cómo eran las plazas que había a mi alrededor...» A su alrededor significa, para Nadine, en el edificio, el barrio, la ciudad, el pueblo o la ciudad donde trabaja. Para lograrlo, los conserjes y los dependientes de proximidad son una fuente de información valiosísima. «¡Están tan al corriente de todo como nosotras!», asegura Nadine, comparándolos con las sirvientas. Recuerda que entabló una gran complicidad con el conserje de un edificio vecino al de sus antiguos patrones. El portero en cuestión le contaba «absolutamente todo» lo que ocurría en el barrio. «Yo lo sabía todo, ¡incluso quién se acostaba con quién en secreto en ese edificio, aunque ni siquiera era el mío!» En cuanto buscaban una cocinera, una señora de la limpieza, una empleada polivalente o una *nanny* en la calle de ese edificio, Nadine se enteraba de inmediato gracias a ese conserje, que le revelaba un sinfín de detalles sobre la familia en cuestión. «Siempre tenía una listita de plazas vacantes y de a quién contrataban para saber a dónde iría.» Hoy, tras seis años en el mismo puesto, Nadine piensa en marcharse. Tiene una idea precisa: «Empiezo a estar harta de trabajar tanto y también de su careto [*de su patrona*]. Se ha liberado un buen puesto en Burdeos, lo sé por una prima mía que trabaja allí. Solo es un puesto polivalente, pero a mí me basta. Quería probar otro de mayordoma, pero la verdad es que estoy agotada. Algún día, quizá».

Marcharse para «encontrar algo mejor» no necesariamente significa obtener un puesto más alto en la jerarquía, mejor pagado o mejor retribuido. Cuando las sirvientas sufren un agotamiento extremo, dejan su puesto por otro que esperan que sea menos exigente o que les permita arreglárselas mejor. Y si no pueden preparar su futuro cercano, como desearían, sino que su partida es repentina, porque las echan de la noche a la mañana o bien ellas acaban «dando un portazo sin pensar» puesto que ya no aguantan más, como dice Nadine, no tardan en encontrar otro puesto... al servicio de los ricos. «Hay algo que te retiene, creo, algo que hace que no puedas más pero que también quieras quedarte», reflexiona Mariana, la colombiana con quien conversé durante horas sobre qué lleva a las sirvientas a no abandonar el universo de las grandes fortunas.*

Estar en su sitio

El hecho de que las sirvientas cambien regularmente de trabajo para servir mejor a los ricos, pese a la violencia que sufren, no solo se explica por la *illusio* del servicio doméstico, su atractivo material, sus fuentes de valoración profesional o las estrategias de las patronas para obtener su dedicación absoluta. De manera más o menos difusa y en distintos grados, a las sirvientas a menudo les da la impresión de estar en su sitio en casa y entre las grandes fortunas. Aunque no lleguen a «ser» y considerarse unas iguales de sus patronas, a través del sinfín de experiencias que les procuran sus empleos, acaban estando en profundo acuerdo con lo que estas son y hacen. Esa impresión no debe interpretarse como el fruto de la retórica familiar que impregna las relaciones entre señores y sirvientas. Sin embargo, estas, en tanto que tránsfugas que pasan de una clase social a otra y descubriendo un mundo diametralmente opuesto al suyo, el de la aristocracia y la gran burguesía, acaban apro-

* Véase el capítulo 4.

piándose de los códigos de un universo que hasta entonces desconocían, donde logran sentirse a gusto durante gran parte del tiempo.

El proceso que forja esa identidad de tránsfuga le da todo su sentido: después del choque, tiene lugar el aprendizaje y la capacidad de las sirvientas para moverse por un medio social donde jamás se hubieran imaginado que se sentirían en su sitio. Su trayectoria está marcada por un fenómeno de «caballito-balancín»:[6] no solo adquieren desenvoltura en casa de los ricos, sino que logran conciliar los distintos universos de socialización que han moldeado su identidad. En ocasiones incluso consiguen sacar provecho de esas múltiples pertenencias para distinguirse y alejar un universo u otro. Algunas sirvientas están convencidas de que tienen una capacidad de reflexión muy superior a la de sus patronas, algo que atribuyen a la estrechez de miras de la clase dominante. Para ellas, es una forma de valorizarse y de invertir la dominación: puede que sus patronas tengan dinero, poder y una cultura legítima, pero no saben nada de la vida de los demás. Las sirvientas, por su parte, conocen «la vida de verdad».

Encontrar su lugar en tanto que tránsfuga de clase es un lujo reservado únicamente a los mayordomos. Cathy, una sirvienta polivalente, ha trabajado sucesivamente para seis familias ricas a lo largo de una década. Se presenta a sí misma como la prueba de que proceder de la clase popular negra y servir a blancos ricos no necesariamente causa «grandes traumas», en sus palabras. Tiene unos cuarenta años, está casada con un electricista y es madre de dos niños; durante la adolescencia, trabajó como señora de la limpieza a tiempo parcial en varios hogares medianamente acomodados, antes de entrar a jornada completa al servicio de unos primos lejanos de unos miembros del gobierno de

Sudáfrica, en los alrededores de Ciudad del Cabo. Conocí a Cathy allí, durante una de mis incursiones en los barrios de chabolas, invitada por Joyce y otras amigas. Cathy me llamó la atención de inmediato por su aplomo y su férrea oposición a los sindicatos «que creen ayudar a los pobres pero agravan su situación», según ella. Una tarde, entablamos una conversación con varias personas, mientras saboreamos la comida que ha preparado una de las decanas del barrio de chabolas. Al atardecer, tomo nota de la opinión de Cathy:

> Un amigo de Cathy cuyo nombre no he retenido le habló de un sindicalista que fue al barrio de chabolas anteayer y que intentó convencerlo para que se uniera a su sindicato. Me parece comprender que aquel hombre trabajaba en una obra, como el amigo de Cathy. De repente, Cathy se indigna y asegura que los sindicatos no sirven para nada, que los sindicalistas son unos charlatanes que solo piensan en «derrocar el poder de los jefes» (*overthrow the bosses' power*, esa es la expresión que emplea). Cuenta que un día habló con una sindicalista extrabajadora doméstica, que le pareció demasiado virulenta con sus antiguos empleadores y demasiado radical en sus posturas. Cathy le recordó entonces que si había podido alquilar un apartamento fuera del barrio de chabolas era gracias a sus patrones, y que era demasiado simplón rebelarse contra aquellos que durante años la ayudaron a salir de la extrema pobreza. (Cuaderno de campo, notas tomadas en febrero de 2017.)

Tras ese episodio, mantengo una larga conversación con Cathy con el propósito de comprender su postura política y cómo vive sus continuas idas y venidas entre el barrio de chabolas, donde vive, y la familia millonaria para la que trabaja todos los días en una *gated-community* completamente cerrada, situada a una distancia de unos veinte minutos a pie. Cathy me explica que, a fuerza de frecuentar a familias ricas, su opinión sobre este asunto ha cambiado:

> Para mí, los ricos también eran unos cabrones. Hasta que comprendí que la cosa era bastante más complicada. Ahora comprendo mejor por qué tienen miedo de nosotros, los negros, los pobres que vivimos en los barrios de chabolas. Y estoy de acuerdo con ellos: una parte de nosotros no hace ningún esfuerzo por salir de la pobreza. Trapichean con drogas y roban, hay prostitución y dinero fácil. Pero yo estoy de acuerdo con mis patrones: curro hay de sobras, simplemente hay que querer hacerlo. ¿Y quién da curro? Los ricos. Tienen razón cuando dicen que, sin ellos, no habría trabajo y, por lo tanto, aun habría más pobres.

La opinión de Cathy sobre los «malos pobres» que no tratan de cambiar su condición coincide con la de sus patrones y, en general, con la de las grandes fortunas que (se) convencen de que crean un empleo esencial para la sociedad. Está intrínsecamente ligada a su naturalidad con la que se mueve entre los dos universos sociales. «Mi primo me dice que soy una burguesa, que hablo y me comporto como una burguesa blanca», me cuenta, antes de asegurar que está orgullosa de ello. Reconoce que se siente a gusto en todas partes: «No me tomo ni por unos [sus patrones] ni por otros [los habitantes del barrio de chabolas]; estoy entre los dos, encuentro mi lugar con los dos». Cathy sigue manteniendo una relación excelente con su vecindario y su familia, burlándose de los comentarios que le hacen sobre su *ethos* burgués. Es verdad que el contraste entre ella y las demás personas reunidas en torno a esa mesa resulta asombroso: Cathy lleva un traje sastre, unas bailarinas de charol y un collar de perlas de verdad, que le regalaron sus patrones, y habla un inglés claro y correcto, a diferencia de los otros, vestidos de manera humilde y con un inglés macarrónico. Efectivamente, Cathy parece despertar más admiración que rechazo. Conviene apuntar que nunca ha tenido los medios necesarios para abandonar el barrio de chabolas y que, de hecho, se prohíbe a sí misma hacerlo, incluso frente a los demás. «Si tuviera dinero, lo invertiría todo en el barrio y lo haría todo nuevo», repite, algo que le procura muchos elogios: en el barrio de chabolas alaban su generosidad, que prevalece sobre sus ideas políticas. «No se lo merecen, lo sé, pero me parten el corazón, así que, por la noche, cuando vuelvo de trabajar, les traigo galletas», me explica, mientras señala con un gesto de la cabeza un grupo de adolescentes que duermen en la calle, enflaquecidos por el alcohol y otras sustancias tóxicas.

Cathy siempre encuentra el momento para cocinarles algo durante sus jornadas de trabajo. Al preguntarle si lo hace a escondidas de sus patrones, Cathy exclama, sorprendida: «¡Claro que no! No podría. Ni quiero. La señora me vigila constantemente. Le pedí permiso cuando ya llevaba unas semanas trabajando para ella y me sentía a gusto en su casa. ¡Le entusiasmó la idea!». Al igual que otras personas de su rango, la patrona de Cathy invierte gran cantidad de tiempo y de dinero en proyectos de beneficencia y filantrópicos, de ahí que anime a Cathy a cocinar para «los niños negros de los barrios de chabolas». Por su parte, Cathy ha convencido a sus patrones para que en Navidad le donen una pequeña suma de dinero con el que ella organiza una gran cena en su barrio. Declara que «cree en la humanidad de los blancos» y que, «si realmente queremos acabar con el *apartheid*, debemos llegar a acuerdos entre ellos y nosotros».

Precisamente porque quiere llegar a esos acuerdos, Cathy está en contra de los sindicatos, que en su opinión solo sirven para los intereses de los blancos. La socióloga Shireen Ally ya observó esa oposición a los sindicatos en su investigación sobre las empleadas domésticas sudafricanas en la década de 2000.[7] Ally subrayaba su temor a volver rígidas unas relaciones cuya flexibilidad da cierto margen de maniobra a las trabajadoras domésticas. Cathy se ha apropiado de ese espacio de poder que le ofrecen la intimidad, la casa, la familia: ganándose la confianza de sus patrones y demostrándoles que está a gusto con ellos y es transparente, obtuvo el derecho a volver a su hogar todas las noches —aunque ellos deseaban que se quedara a dormir en su casa—, a cocinar para los niños de los barrios de chabolas y conseguir dinero para ellos, a llevar tacones altos e incluso a poner música zulú mientras friega el suelo, cosas que no habría podido hacer si su trabajo hubiera sido «legal», es decir, declarado, con un contrato de trabajo y unas reglas escritas que habrían constreñido la negociación.

Cathy, pues, logra armonizar su universo de origen y el de su trabajo, además de desempeñar un papel de mediadora y de enlace entre ambos mundos. Su ideología política lo atestigua: se ha apropiado del discurso meritocrático de las élites blancas que frecuenta, al estigmatizar a los sudafricanos negros y pobres, y denunciar su inferioridad socioeconómica en una sociedad que sigue impregnada por la segregación. De hecho, le encanta poner a sus patrones y sus amigos contra las cuerdas: «Me gusta hablar de la relación entre negros y blancos, de manera que a menudo me da la impresión de que les enseño cosas», afirma, antes de confesar que le habría gustado ser profesora, porque hace mucha «pedagogía». Así, Cathy compensa su breve paso por la escuela frente a una patrona con un sinfín de títulos.

A pesar de que no ganan tanto dinero como los mayordomos más afortunados, numerosas sirvientas procedentes de clases populares ven su carrera en el servicio doméstico como un ascenso social, durante el cual acaban encontrando el equilibrio, por mucho que tarden en lograrlo. Sin embargo, en cuanto ese equilibro está amenazado, cambian de trabajo. «¡Para volver a empezar con buen pie!», resume una de ellas.

Las claves del mercado

No todas las sirvientas se enfrentan a los mismos riesgos a la hora de dejar un puesto de trabajo ni a las mismas oportunidades de encontrar otro. Sus recursos y especialmente su red de contactos resultan determinantes para encontrar otro enseguida. Pero si existe un enorme *turn-over* interno en los empleos domésticos es porque se trata de trabajos muy numerosos, en particular en ciertas capitales, donde se concentran las grandes fortunas. Marius, el mayordomo que se mueve por las principales ciudades estadounidenses y las islas, asegura que las élites que se encuentran allí[8] son una suerte para el personal doméstico: «La suerte que tenemos es que están todos en el mismo lugar y nosotros [los empleados domésticos] también nos agrupamos allí. La información se difunde rápido, circula, circula a toda prisa». Ese efecto «avalancha», del que yo me beneficié a mi vez durante la investigación, es muy eficaz: una vez que se abre la puerta de los ricos y que uno se hace un hueco, es relativamente sencillo moverse por sus redes, incluso cuando estas se expanden geográficamente. Aparecen ofertas de trabajo de manera regular e incluso a veces surgen por la presión de las sirvientas: me han hablado de varios puestos creados por patrones para un miembro del entorno de su sirvienta que buscaba trabajo con urgencia. Ese hecho todavía legitima más la utilidad social de contar con servicio, algo de lo que se enorgullecen las grandes fortunas.

Sin embargo, jamás hay tantas ofertas como mano de obra. A medida que las desigualdades socioeconómicas se agravan, que aumenta el paro, incluso en profesiones muy cualificadas, y que la pobreza bate récords, servir a los ricos se vuelve más atractivo. Por tanto, siempre hay más gente dispuesta a servir a los más acaudalados que ofertas de empleo, por dinámico que sea el mercado. Por esa razón, abandonar a la familia que te emplea siendo sirvienta no es comparable al hecho de prescindir de una sirvienta siendo rico. Mientras que las grandes fortunas siempre están seguras de que van a encontrar a alguien que les sirva, no siempre ocurre lo contrario. Aparte de ese desequilibrio entre la oferta y la demanda, son las grandes fortunas las que dominan el mercado, dado que pueden crear más puestos de trabajo o bien reducirlos, o incluso echar a las sirvientas antes de que estas decidan marcharse. Así, pues, el *turn-over* está lejos de ser algo propio de las sirvientas: los ricos las despiden cuando les parece y tienen la llave de ese mercado de trabajo tan sumamente selectivo.

Abella, al igual que otras patronas, es muy consciente de ese poder. Brasileña de casi cuarenta años, directiva comercial casada con un opulento banquero de inversión estadounidense, tiene contratadas desde hace diez años a tres empleadas domésticas que la siguen a sus dos casas, situadas en Río de Janeiro y Moscú. Además, el matrimonio emplea a tres vigilantes que custodian sus dos principales residencias. Abella se crio en Brasil, un país que, según ella, está «lleno de criadas». Sus padres, pequeños comerciantes, siempre tuvieron una empleada doméstica a tiempo completo, que cuidaba de ella cuando era pequeña y que se encargaba de las tareas del hogar. De ahí que Abella se describa como una persona «acostumbrada a las criadas», que sabe cómo manejarlas sin «dejarse llevar por los buenos sentimientos», es decir, que sabe echarlas sin escrúpulos.

> Siempre he dicho: cuando ya no funciona, no funciona. Si empleo a alguien y esa persona ya no me gusta, me deshago de ella. Aunque usted me considere cruel, yo pienso así. Si no, no hay manera. Tengo amigas que dudan en decir a sus criadas que trabajan mal o que han hecho... no lo sé, que han roto algo, por ejemplo. Pero si las empleamos, es para que nos sirvan, ¿no? Entonces, si realmente no nos sirven, ¿qué sentido tiene seguir empleándolas? Yo no intento complacer a las criadas, ¿sabe? No me corresponde. Curran para mí, les pago y las alojo para que curren, pero no somos precisamente amigas. Si no funciona, que se larguen. ¡En esta casa no damos ayuda social!

Las declaraciones de Abella rompen con el discurso familiar y caritativo que impregna las relaciones con el servicio doméstico. Sin embargo, no lo contradicen ni son un hecho aislado: las grandes fortunas oscilan constantemente entre la cercanía y la voluntad de guardar las distancias con las sirvientas. Los errores que comete el personal, los conflictos que surgen y el «hartazgo» que sienten los ricos respecto al servicio doméstico provocan un enfriamiento en la relación y que pongan a las sirvientas en su sitio. De hecho, ese comportamiento, que Marius describe como «esquizofrénico», es habitual cuando la intimidad invade las relaciones entre patrones y sirvientas. Priscilla Claeys y Audrey Richard-Ferroudji observaron hasta qué punto las mujeres expatriadas en la India tratan de mantener una «barrera» y una «distancia emocional» con sus criadas procedentes en su mayoría de familias paupérrimas.[9] Esa contradicción tan violenta se exacerba entre patrones que, de la noche a la mañana, son capaces de echar a una empleada a quien el día antes habían hecho un regalo o concedido un día de descanso excepcional. Es el caso de Abella:

> Sí, puede parecer duro, pero yo funciono así. Hace dos años, tenía a una francesita, una chica muy joven que había empezado la universidad y luego la había dejado. La contraté porque necesitaba dinero. Sabía que no iba a aguantar mucho tiempo. Era joven, tenía muchos proyectos. [...] Al cabo de un año, pensé que se marcharía enseguida, sin duda. Lo presentía, aunque ella trabajaba mucho y no me había dicho ni palabra de eso. Y una mañana dejó una toalla sucia y mojada en el suelo del cuarto de baño, así que cuando volví por la tarde, olía a moho. Al día siguiente, le dije: «Me parece que se ha relajado. Voy a buscar otra persona». La muchacha se echó a llorar; creo que no lo entendió. Dos días antes, le había regalado un Chanel, estaba muy orgullosa.

Al despedir a su sirvienta, Abella toma una decisión radical. Durante la conversación, vuelve a este episodio y me confiesa que no soporta que las criadas dejen el trabajo por voluntad propia. Para las grandes fortunas, adelantarse a la partida de las criadas y echarlas antes de que estas se marchen son dos formas de restablecer el orden de la dominación: «Soy yo la que decide, no ella», insiste Abella. Pero mantener el poder frente al servicio doméstico no se puede hacer de manera tan explícita, por eso Abella busca el pretexto de la toalla mojada para echar a su empleada, aunque, según ella, es «un detalle sin importancia».

Las patronas siempre tienen argumentos para despedir al personal. «No es posible decir: "¡La echo antes de que usted se vaya!"», asegura Abella. De todas formas, tampoco están del todo convencidas de las razones que aducen para despedir a sus sirvientas: falta de higiene y negligencia, traición o incluso robo. «Es algo políticamente correcto; ella ya sabía que no la echaba por una simple toalla mojada.» Nadie se deja engañar, pero las empleadoras tienden a limar asperezas, aunque los falsos motivos de despido que se inventan están lejos de compensar su brutalidad.

Esa brutalidad es una respuesta al malestar que experimentan a menudo las mujeres ricas frente a las sirvientas. Un despido constituye una salida ante la imposibilidad de negociar con ellas, como para las sirvientas que no se atreven a negociar con sus patronas. Pese a que, durante la entrevista, Abella me expresa su ternura, su amistad y su compasión por sus criadas, no soporta el conflicto y detesta «gestionar el trato» con sus sirvientas. Al igual que todas las mujeres de su clase, se esfuerza por mantener una relación que entremezcle autoridad, distancia, empatía y complicidad, además de ocultarles sus sentimientos más profundos. Abella no tiene ningún mayordomo que se encargue de esa labor. Como su marido no quiere ni oír hablar de sus problemas con las sirvientas, siempre le sugiere que las despida: «Si le cuento que me angustia la idea de que una de ellas se marche, o que no han hecho algo bien pero no sé cómo decírselo, me contesta que las eche...». A falta de algo mejor, Abella aplica el consejo de su marido, que tacha de «completamente absurdo»: «Es como si tuviera unos zapatos preciosos, pero ligerísimamente estropeados, y en lugar de dedicar unos minutos a limpiarlos, ¡los tirara a la basura!». Sea cual sea el malestar que explica la reacción de las patronas, el resultado es que, a las sirvientas, en cuestión de días o incluso de horas, las «tiran a la basura» como si fueran un objeto sin valor.

En el fondo, ese hecho manifiesta el carácter intercambiable de las sirvientas. La interdependencia entre patronas y sirvientas, pues, es una ilusión: estas son suficientemente numerosas en el mercado de trabajo como para que las primeras puedan encontrar varias perlas raras. Las mujeres, en particular, son una mano de obra más frecuente que los hombres. Por tanto, las exigencias de las grandes fortunas respecto a ellas son más altas: ante el menor error, la más mínima relajación de su control emocional o corporal, o la más tímida contrariedad ante alguna preocupación de la familia que las emplea, las sirvientas resultan sospechosas. De hecho, como ocurre en otros mercados de trabajo, el cuerpo de las mujeres envejece más deprisa que el de los hombres:[10] si a los veinte años les falta credibilidad, cuando se acercan a los cincuenta pierden valor. Por el contrario, la edad no resulta tan determinante para la carrera de los hombres: los ricos alaban por igual el dinamismo de un mayordomo joven como la experiencia de un mayordomo de cierta edad. Para conservar su empleo, pues, las sirvientas deben redoblar sus esfuerzos por ser irreprochables en comparación con sus colegas masculinos. Retomando la metáfora anterior, estos últimos son objetos que se suelen reparar más que tirar.

¿Escapar de la jaula?

El choque que experimentan las sirvientas a las que echan sin razón alguna (a sus ojos, como a los de sus patronas) queda compensando por su raigambre familiar y social, que les permite «relativizar» su despido. Su dedicación excesiva al trabajo da paso a una banalización e incluso una crítica del universo de las grandes fortunas. Muchas sirvientas, tras un despido, aseguran que, en realidad, no se sentían del todo a gusto con la familia a la que servían, que los ricos son despreciables y que, a fin de cuentas, no merece la pena «ponerse así por ellos».

Pese a la admiración que expresa por sus actuales patrones, Sheila, una mayordoma marroquí en la treintena, hija de una señora de la limpieza y de un tendero, afirma que los ricos no le imponen. Después de charlar un buen rato mientras tomamos un café en el extrarradio de París, pasamos la tarde juntas, paseando por el bosque para que me cuente más en detalle por qué y cómo cambió de trabajo. A Sheila la echaron dos veces «sin ninguna razón de peso»; una de sus patronas la acusó de robo. Desde entonces, siente un gran desdén por los ricos: no soporta sus «pequeñas manías», su manera de tratar a las sirvientas o el hecho de que «siempre [se sientan] superiores a los demás». Se arrepiente de haberse «dejado engañar» y de haber hecho creer a los ricos que le gustaba servirlos.

> He sido estúpida durante todos estos años. He hecho de criada de la manera más tonta, sin pensar, con la esperanza de subir de categoría, de ganar un poco más de dinero... y, sobre todo, de destacar, de ser bien considerada por esa gente... Pero me he dado cuenta de que no ha merecido la pena tanto sufrimiento. Me repetía a menudo: en la aldea, tu vida sería más dura, así que alégrate por lo que tienes. Pero estaba equivocada: ¡creo que en Marruecos se pueden encontrar mejores puestos! Bueno, donde al menos te respetan. Yo solo pido que me respeten, eso es todo, no soy muy exigente. ¡Y pensar que me tiraron como si fuera un estropajo! ¿Sabes?, para ellos, no somos más que trapos, cosas que se to-

man y se tiran. Además, yo soy árabe, así que imagínate lo poco que me respetaron.

Sheila siente un gran resquemor por sus antiguos patrones; hace hincapié constantemente en su falta de respeto, que atribuye a su posición subordinada, a su origen marroquí, a su juventud y a su género. Con el propósito de deconstruir el cliché racista, que comparten por igual las sirvientas y las grandes fortunas «occidentales», según el cual los empleadores árabes son unos maltratadores, Sheila repite en varias ocasiones que habría encontrado un trabajo mejor en Marruecos. Califica a los franceses de «hipócritas» y deplora que «todo el mundo [actúe] como si en Francia no hubiera violencia ni racismo». Mientras paseamos, se va deteniendo frente a los matorrales y los árboles para recuperar el aliento: «Menos mal que existe el bosque...». El bosque le permite reponer fuerzas, «tomar distancia», en sus palabras. «Dicen que los animales son mejores que las personas; yo pienso que los árboles, por lo menos, no mienten.»

Por eso me sorprende tanto que me cuente que está buscando trabajo en la Costa Azul... al servicio de unos ricos. Desconcertada, le pregunto por qué no busca otra clase de empleo, teniendo en cuenta que la profesión de mayordoma no parece encajar con ella. Consciente de esa paradoja, me confiesa que no logra «salir del universo de los ricos», pese a su dolor y su decepción. Pero, esta vez, tiene un plan: recurrir a una agencia, que le permitirá filtrar «las familias buenas y las malas» y estar protegida si se da algún abuso por parte de los patrones.

Dos meses después de nuestro encuentro, me entero de que Sheila ha dejado la agencia en cuestión. «¡Vaya estafadores!», escribe en la serie de SMS que me manda para ponerme al corriente. Su reacción no me sorprende en absoluto. A lo largo de mi investigación, he conocido a varias directoras y varios directores de la docena escasa de agencias de colocación de personal doméstico de alta gama que existen en Francia. Reforzadas por el impulso gubernamental de principios de la década del 2000, que pretendía estructurar el mercado de empresas de servicios personales,[11] esas agencias especializadas en el servicio doméstico para los más ricos seleccionan y colocan a sirvientas a tiempo completo o parcial, con la promesa de aportar confianza, un valor sumamente buscado en el servicio doméstico, sometiendo a las candidatas a un riguroso proceso de selección. Las agencias garantizan a las empleadas un puesto estable, bien pagado, en una familia respetuosa. Pero la realidad es bastante distinta. Gran parte de las sirvientas que han intentado encontrar trabajo a través de una de esas agencias se muestran desilusionadas al cabo de pocos meses. Las familias que las emplean no son mejores que las demás, las condiciones de trabajo tampoco y, sobre todo, las agencias no responden si surgen problemas. Sheila pensaba que la agencia sería «neutra» y que combatiría todos los clichés sobre las sirvientas poniéndose de su parte, pero no fue así en absoluto. «Enseguida me clasificaron como árabe musulmana y buscaron una familia que aceptara a las musulmanas», lamenta. A Sheila le entristeció que la agencia dudara de sus referencias y le indigna que no se creyera que había sido mayordoma. «¡Pensaban que solo iba a limpiar!»

Al final, a través de la agencia, Sheila consiguió un puesto de mayordoma en casa de un milmillonario. No obstante, al cabo de tres semanas, sufrió tocamientos varios por parte de aquel hombre. Siempre que se la cruzaba por la casa, la abrazaba e intentaba besarla «para divertirse», hasta el día en que le pellizcó las nalgas varias veces. Sheila, que no tiene por costumbre dejarse hacer, no le dijo nada a su patrón, pero llamó de inmediato al director de la agencia que la había «colocado». Este no le prestó ninguna ayuda: «Le dejé decenas de mensajes, que no contestó, y entonces me fui». Unos días después de su partida, el director, a quien había avisado el expatrón de Sheila, la llamó con urgencia: «¡Me echó la bronca; aluciné!». El director la amenazó con denunciarla y le reclamó el sueldo del último mes. Al final, fue el milmillonario en cuestión quien ordenó a la agencia que dejara en paz a Sheila. «La agencia lo perdió todo, ¡a mí y a él!» Sin embargo, el director insistió en culpar a Sheila de haber perdido a un potencial gran cliente.

De hecho, esa clase de historias son el pan de cada día. Las agencias de selección se centran en las expectativas de los ricos. Sus criterios de selección no son sino los de las grandes fortunas, basados en la esencialización por género y raza de las cualidades de las sirvientas. Por otra parte, esas agencias, que alardean de ajustarse a la ley en los salarios, en realidad se permiten sortear el derecho laboral. He conocido a varias sirvientas que empezaron a trabajar sin haber firmado un contrato, sin conocer su sueldo y su horario de trabajo, un clásico en el universo del servicio doméstico que las agencias aseguran que combaten. Pero estas forman parte de los intermediarios del «emparejamiento» que se permiten ignorar o tergiversar el derecho a favor de aquellos que les hacen ganar dinero: sus clientes. En efecto, además de los sueldos, los ricos pagan un elevado precio, al hacerse cargo de los gastos de la selección. De hecho, esa es una de las causas por las que tienden a prescindir de las agencias: una ínfima minoría de las nuevas fortunas que conocí, novatas en materia de servicio doméstico, ya habían pasado por ellas, pero enseguida abandonaron esa opción, al preferir «el viejo y buen método del boca a boca», como reconoce una de ellas, que aprenden progresivamente de las empleadoras más experimentadas. No es de extrañar, pues, que las agencias de selección de gama alta apenas estén presentes en el mercado del servicio doméstico a tiempo completo: fracasan a la hora de darse a conocer a patrones y sirvientas, y de ganarse su confianza. ¿Qué sentido tiene que los ricos paguen por un servicio que la mayoría de las mujeres de su medio saben hacer muy bien por sí mismas?

Sin embargo, Sheila no se desanimó por la falta de apoyo de la agencia. Acabó encontrando otro puesto de trabajo en la Costa Azul, que era su sueño. Con un sueldo de 3.250 euros mensuales y un incentivo de 1.000 en Navidades. Junto con un equipo de otras seis sirvientas, a las que ella dirigía. Con un domingo de descanso al mes y jornadas de trabajo hasta las once de la noche. Cuando me da la noticia por teléfono, su desprecio por los ricos parece haberse desvanecido; está rebosante de felicidad. «¡Podré ahorrar, porque aquí no gasto nada, mis patrones me lo pagan todo! Si aguanto unos años más, ¡por fin podré vivir mi vida!»

Al cabo de un año y medio, escribo un SMS a Sheila para saber qué es de ella. Tras dos meses sin respuesta, una mañana me escribe: «Estoy en París, ¿quedamos?». Doy clase en la universidad todo el día, pero nos encontramos a las seis y media de la tarde frente a la Estación de Lyon, antes de que vuelva a marcharse al sur de Francia. Sheila se ha adelgazado mucho desde la última vez que nos vimos. Tiene la tez muy pálida y una expresión inquieta. Me cuenta lo sucedido. Allí, en casa de «los monstruos de la Costa Azul», como los llama, se hizo amiga del jardinero, que cuatro veces por semana iba a cuidar el vasto terreno que rodeaba la casa. Y, una tarde, se besaron. «Pensé que nadie lo sabría», confiesa. Las patronas son muy intransigentes con las relaciones eróticas entre miembros del servicio doméstico, dado que, según ellas, entorpecen su eficacia.[12] Sheila creyó escapar a cualquier mirada y sospecha. Sin embargo, dos días después, su patrona, a la que, no obstante, describe como «muy dulce» y «atenta al personal», la echó. La esperaba en el salón, sentada en su butaca de terciopelo rojo, con una taza de té en la mano, y, en cuanto Sheila franqueó el umbral de la puerta para saludarla, le anunció: «No quiero a ninguna puta en mi casa. Márchese».

Desde entonces, esa imagen atormenta a Sheila todas las noches. Justo antes de que la señora se lo comunicara, apenas hubo salido de su cuarto para empezar su jornada de trabajo, otras dos sirvientas hicieron su maleta a toda prisa. «Me humillaron, me echaron como a una indecente.» Como no tenía a dónde ir, no puede olvidar el enorme portón de la casa cerrándose tras ella, «como en una película», cuenta, todavía en choque. Para ella, fue el fin. El fin de su viaje al universo de las grandes fortunas.

Por suerte, Sheila había ahorrado. La noche de su partida, fue a un hotel de lujo. Se quedó allí una semana, como si no quisiera abandonar el mundo que conocía desde hacía años. «¡No pensaba que me he hubiera acostumbrado tanto al lujo!», bromea. Al encontrarse sola, llamó a amigas de antaño a las que había perdido de vista, a primos, tíos y tías que viven por toda Francia. Consiguió que la hospedasen una semana aquí y otra allá, pero se marchaba enseguida al darse cuenta de que ya no conocía a nadie. Al cabo de dos meses, acabó llamando por teléfono a su madre, en Marruecos. «Quería que me casara y me había advertido de que terminaría sola.» Su madre se negó a acogerla. Entonces Sheila estuvo durmiendo en hoteles, cada vez menos lujosos, y se dedicó a buscar un piso de alquiler, pero ya no tenía trabajo ni podía cobrar el paro, porque en su último empleo solo estaba parcialmente declarada y, de todas formas, el despido no se había hecho de manera que pudiera obtener derechos. Cuando nos vemos esa tarde frente a la Estación de Lyon, parece agotada por esos largos meses de errancia. «Y yo que pensaba que algún día tendría una vida parecida a la suya», se lamenta entre sollozos.

Sheila no desea abandonar el universo de los ricos. Tras varios meses a la deriva, durante los cuales se ha gastado sus ahorros, ha intentado regresar. Pese a que ya no forma parte del círculo de las grandes fortunas y de sus sirvientas, ha viajado a la capital con la esperanza de conseguir un puesto en casa de una pareja de artistas muy ricos. Se lo ha encontrado una de sus antiguas colegas mayordomas. La entrevista ha ido bien. Sheila está plenamente convencida de ello. Pero, una hora antes de nuestra cita, sus esperanzas se desvanecen. «La señora me ha llamado por teléfono y, muy educadamente, me ha dicho que había elegido a la candidata que entrevistó ayer.» Le ha deseado mucha suerte en su búsqueda. Los ricos son los verdaderos y únicos guardianes de su universo, esa jaula dorada a la que se entra y de la que se sale con dificultad, pero jamás indemne.

Conclusiones

Una tarde de otoño, en un inmenso piso del distrito XIX de París, converso con Camélia sobre su infancia transcurrida entre París, Casablanca, Tánger y Marsella. De la pared de enfrente cuelgan, superpuestas, varias fotografías tomadas en esas ciudades: se ven plazas a la sombra, monumentos soleados, fachadas descoloridas, niños jugando con perros. Una de ellas me llama la atención: la de una mujer vestida con una magnífica chilaba, un imponente collar de perlas plateadas y zapatos de cuero marrón, que abraza con ternura a una niña con unas trenzas larguísimas y un vestido de tul agitados por el viento. «¿Te gusta esa foto?», me pregunta Camélia, que me ha seguido la mirada. La encuentro bellísima, en efecto, y le pregunto si es su madre. «¡Somos Goyave y yo!», responde enseguida, como si hubiera adivinado mi confusión.

Camélia, de unos cincuenta años, es hija de una mayordoma. Anne, su madre, estuvo durante casi treinta años al servicio de un acaudalado matrimonio marroquí. Doudou era embajador y su esposa, Goyave, no trabajaba. De los dos a los veinte años, Camélia vivió al ritmo de esa pareja, en sus múltiples residencias. Solo guarda buenos recuerdos de esa infancia multicultural, llena de encuentros y de viajes. Como Goyave no podía tener hijos, consideraba que

Camélia era su propia hija. Hoy, mientras tomamos un café, Camélia me habla largo y tendido de Goyave y Doudou. Ella era la hija de los empleadores de su madre y todavía se considera su hija. Anne solo se dedicaba a trabajar, de manera que los mimos, los regalos y las salidas solo tenían lugar entre Camélia y Goyave.

Una dulzura violentísima

Camélia se graduó como ingeniera aeronáutica y se instaló en París. Luego todo se truncó. Su madre padeció un cáncer que la dejó agotada. Sus patrones la remplazaron por otra mayordoma. Sin miramientos. Desde entonces, Camélia se encarga de cuidar a su madre biológica, que vive con ella y que, mientras converso con su hija, se pasa toda la tarde durmiendo. Por las mañanas, una asistenta doméstica, pagada por Goyave y Doudou, acude a asearla. Sin embargo, Anne se niega a que otra persona, aparte de su hija y esa empleada, la cuiden y le cocinen. «Ella siempre ha sido la criada y seguirá siéndolo», afirma Camélia con un suspiro, mientras mordisquea una galletita de miel que preparó su madre.

Este caso refleja las ambivalencias del servicio doméstico de los más ricos, cuyos hilos he tratado de desenmarañar a lo largo del libro. No cabe duda alguna de que, para las sirvientas, las grandes fortunas constituyen algo más que un refugio o una escapatoria. En ellas encuentran también una nueva familia, confort material, dinero, complicidad con sus colegas o patrones, e incluso amor. A través de su trabajo, pueden llegar a prosperar, a ascender en la jerarquía, a acumular un capital económico, cultural y social. Por muy confidencial y hermético que sea el universo de los ricos, por muy vehementes que sean los afectos en las relaciones de trabajo, las sirvientas también tienen la posibilidad de cambiar de puesto regularmente con el fin de encontrar una casa mejor. Como las grandes fortunas necesitan mano de obra, el *turn-over* juega a favor de las sirvientas siempre que les dé un poco de tregua y un espacio de reajuste de sus expectativas y de las condiciones laborales.

Camélia pudo asistir a las mejores escuelas, ir a la universidad y cultivar todas las aficiones que quiso. Recuerda la sonrisa de su madre cuando Goyave le regalaba faldas que ella ni siquiera había estrenado, el orgullo que experimentaba su progenitora cuando los invitados de sus patrones intentaban «robársela» tras una cena especialmente exquisita. Rememora las ofertas de empleo constantes que recibían las sirvientas que trabajaban a las órdenes de su madre: las idas y venidas de familias de expatriados en el barrio eran la ocasión ideal para renegociar al alza las condiciones de trabajo. En retrospectiva, tanto ella como su madre comparten el recuerdo de una vida dulce en casa de los ricos.

Sin embargo, esa dulzura también reposa sobre un trasfondo de violencia que está intrínsecamente ligado a ella. Las sirvientas sufren la violencia de tener que satisfacer todos los deseos de sus patrones, de agotarse por su bienestar, de pasar desapercibidas ante el brillo de sus jefes. La violencia de ser desposeídas de riquezas que les han regalado los patrones o que les pertenecen. Anne ahorró durante toda la vida, pero su dinero solo le sirve para pagar a la asistenta que va a lavarla. Peor aún, su patrona le arrebató su papel de madre. Camélia tardó más de veinte años en sentir el menor interés por ella. Anne no podía pronunciarse sobre la educación que debía recibir su hija, sobre qué debía comer, cómo debía vestirse o expresarse. Goyave le encargaba un sinfín de tareas que no le correspondían en tanto que mayordoma con el único propósito de no concederle ni un instante de pausa. Las compensaciones de esa relación de dominación no atenúan en absoluto la violencia de un orden social que las grandes fortunas se afanan por preservar, para bien y para mal. Esa violencia es una condición, implícita o explícita, de las ventajas que ofrece el servicio doméstico.

Fuera de la ley y del tiempo

Al combinar retribuciones muy ventajosas con un trabajo ilimitado, la explotación dorada del servicio doméstico por parte de las grandes fortunas se inscribe en la lógica de «trabajar más para ganar más», a diferencia de los empleos de servicios personales que jamás equivalen a una jornada completa y que siempre están mal pagados. Al confrontarse a esa posibilidad, las sirvientas vacilan: mientras que algunas están preparadas para aguantar el cansancio, el sufrimiento y los impedimentos a la vida personal por unas condiciones de trabajo ventajosas en otros aspectos, otras no están dispuestas, de manera que abandonan el servicio doméstico para los ricos o buscan ofertas con una retribución más modesta, pero con un trabajo menos exigente. En el fondo, esos ajustes parecen depender únicamente de su libre albedrío.

Sin embargo, no debemos conformarnos con sumar el conjunto de las subjetividades individuales sin recordar el paisaje en el que se inscriben, definido por una desigualdad estructural. Cualesquiera que sean el sueldo y las ventajas en especias que perciben las sirvientas, su posición social y sus condiciones de vida siguen siendo inferiores a las de sus patrones. Conviene recordar que no abundan los casos de mayordomos particularmente bien remunerados, sino que representan una minoría entre el conjunto de las sirvientas, cuyas condiciones están lejos de ser tan ventajosas como las de los mayordomos. Y, pese a que su sueldo pueda parecer muy superior al de la media de empleados, baja considerablemente si se divide por el número de horas trabajadas. Una mayordoma que trabaje doce horas diarias, durante toda la semana, sin un solo día de descanso al mes —una situación de lo más corriente—, y que reciba un sueldo de 4.000 euros mensuales, en realidad gana unos 9 euros por hora. La dedicación ilimitada de las sirvientas reduce de manera drástica el coste de su trabajo. Además, ser sirvienta de los ricos no necesariamente significa estar bien pagada (por mes), alimentada y alojada, ni recibir bolsos de Louis Vuitton de regalo. Las sirvientas también pueden trabajar por sueldos muy inferiores, incluso por muy poco, y no tener apenas ventajas en especias. En ese caso, su explotación no es dorada, ni siquiera está suavizada por unas grandes fortunas que ya se consideran muy generosas por acoger en su casa a una extranjera cuya situación irregular, cuyo analfabetismo y cuya necesidad extrema podrían haberla condenado a la calle.

Esa es la paradoja de los empleos domésticos al servicio de los más ricos: únicamente son buenos empleos si los ricos lo deciden. Estos pueden ser alumnos modélicos frente a los incentivos gubernamentales para crear empleo en el sector de los servicios personales. Su fortuna les permite generar puestos de trabajo a tiempo completo, con sueldos que superan el sueldo mínimo, declarados, que no dependen de los techos de las ayudas fiscales. Unas condiciones que las clases medias no pueden ofrecer a la señora de la limpieza o a la niñera que, a falta de recursos, trabajan unas cuantas horas a la semana. No obstante, los ricos definen el espacio de los posibles, para bien y para mal. Y pueden hacerlo porque ni el Estado ni la justicia controlan los empleos que crean. Su dominio de las leyes, de las estratagemas para sortearlas y optimizarlas a su favor, así como su capital social, les confieren un poder indiscutible. Tienen la capacidad de crear empleos que desean crear y de proceder de tal manera que su personal doméstico no se queje ante las autoridades. Cuando las sirvientas son vulnerables en el plano socioeconómico, eso es pan comido. Mientras que para muchos franceses resulta complicado asumir el papel de «particular-empleador», los ricos saben apropiarse astutamente de la arbitrariedad de los empleos domésticos. Defienden con uñas y dientes la flexibilidad del trabajo y de la mano de obra, una postura que comparten numerosas sirvientas, convencidas de que así ganan frente a un Estado al que acusan de volver rígidas sus condiciones de trabajo al mismo tiempo que las abandona.

Un silencio (muy) político

Sobre el terreno, la ausencia de un convenio colectivo de trabajo y de movilizaciones por parte de las sirvientas de los ricos impide que estas se formen una consciencia clara y que lleven a cabo una lucha política unificada en la que se reconozcan y alrededor de la cual podrían agruparse. El número ínfimo de sirvientas (algunas de las cuales pertenecen a sindicatos) que se manifiestan en la plaza del Trocadero de París cada 16 de junio, día internacional de las trabajadoras domésticas, atestigua su dificultad para unirse.

Sin embargo, eso no significa que carezcan de consciencia política, que sean indiferentes a su condición o que no tengan nada que reprochar a las grandes fortunas. Sus palabras acostumbran a tener un alcance político. Aunque se declara feliz y satisfecha con su trabajo, Jelena, la sirvienta de Geneviève que aparece al principio del libro y que fue la primera criada que conocí, me habló mucho de su pesar por no haber cotizado jamás para la jubilación. Durante casi toda su vida profesional ha trabajado en negro, pero con la promesa de que la familia de Geneviève le procurará alimento, alojamiento y cuidados hasta el final de sus días. Conservará su cuarto y Catherine, la hija de Geneviève, contratará a otra criada más joven para que se encargue de cuidarla y de prepararle las comidas. Con todo, aunque esté acordado desde siempre, Jelena teme «los avatares de la vida», en sus propias palabras. Tiene plena confianza en Geneviève y Catherine, pero, en sus adentros, es consciente de que esa confianza no es inquebrantable. Conoce muchas historias de criadas ancianas despedidas de la noche a la mañana, pese a las promesas de trabajo y de jubilación. «Nadie nos protege, sobre todo a mujeres como yo», dice al confesarme sus dudas. Las mujeres como ella son las inmigrantes, las extranjeras sin papeles o sin la nacionalidad francesa, dado que, a ojos del Estado, su trabajo no existe. A Jelena misma, Geneviève y Catherine le prometieron la nacionalidad francesa, pero quedó en nada. Ella no puede quejarse, habida cuenta de que goza de unas condiciones de trabajo excelentes para una inmigrante llegada a Francia sin dinero ni estudios. Con todo, en el transcurso de nuestras conversaciones, expresa su resquemor por los «ricos que lo tienen todo», así como la sensación de pertenecer a un «mundo invisible», el de las criadas inmigrantes, que todos los días sirven a los demás permaneciendo en la sombra.

Las sirvientas de las grandes fortunas son silenciosas, pero sus sentimientos no difieren tanto de los de las demás trabajadoras a la sombra que, a pesar de los obstáculos, han ocupado un espacio público y han emprendido una lucha política. Algunas criadas se reconocieron en las limpiadoras de los hoteles Ibis que, durante varios meses, hicieron una huelga hasta ganar un pleito (en mayo de 2021, en Francia) contra el grupo Accor, denunciando la dura realidad de su vida consagrada a limpiar y cuidar a los demás sin ninguna clase de reconocimiento simbólico y material. Las criadas de los ricos podrían inspirarse en esa lucha llevada a cabo por personas que se les parecen y que realizan un trabajo semejante, pero no lo hacen. Trabajan junto con otras sirvientas que no se identifican ni con esos perfiles ni con esas reivindicaciones. ¿Qué tiene en común un mayordomo con una limpiadora de un hotel Ibis o con una asistenta doméstica de un anciano que cobra una jubilación mísera? Por otra parte, sus patrones también son sus protectores. Accor es una figura patronal abstracta, un objetivo fácil de identificar. En el universo del servicio doméstico, esa figura resulta mucho más difusa. No la encarna una institución impersonal, dado que las sirvientas se encuentran cara a cara con sus patrones constantemente, lo saben todo de ellos y guardan todos sus secretos. De ahí que sea más difícil no pensar solo mal de ellos y erigirlos en enemigos absolutos que combatir, porque las relaciones domésticas reposan sobre una tensión entre el agradecimiento y el resentimiento que sienten las sirvientas respecto a sus patrones. Esa relación tan particular, a la vez tan cercana y tan distante, inhibe cualquier declaración o lucha colectiva, aunque, tal y como se ha visto anteriormente, las sirvientas comparten —objetivamente— la experiencia común de una vida al servicio de los ricos que está lejos de ser tan irreprochable como estos últimos pretenden.

No existe un mundo sin cargas domésticas

Por muy sincero que sea el apego que sienten por sus sirvientas, las grandes fortunas no dejan de ser privilegiadas, aunque solo sea porque deciden las condiciones de trabajo y de vida de miles de personas cuya función principal es la de liberarlas de las tareas ingratas incompatibles con el pleno disfrute de su poder. Su dinero y todos los capitales que este les procura son el origen de ese privilegio poco visible, poco conocido y que además parece legítimo, a juzgar por el entusiasmo gubernamental por crear empleos de servicios personales. Los ricos son «superpatrones» que tienen empleados tanto en sus empresas como en sus casas, y que crean empleo para gente a quien le costaría encontrar otro trabajo mejor. Este libro no pretende demostrar lo contrario, es decir, que son «grandes malvados», dado que mi investigación precisamente ha consistido en subrayar la complejidad de los mecanismos del servicio doméstico, de la dominación cercana, de la explotación dorada, así como la ambivalencia de la trayectoria de las sirvientas que, gracias a los ricos, tienen un ascenso fulgurante, pero, al mismo tiempo, son privadas de vida personal. En cambio, aporta una mirada crítica a algo que sigue siendo un verdadero privilegio de clase: contar con servicio. No en vano, las grandes fortunas pueden hacer lo que quieran con las personas que les sirven, incluso a costa de privarlas de derechos.

El privilegio de ser servido y ayudado en la vida cotidiana parece tan desmesurado si se compara con la mayoría de la población que no debería ser una cuestión de medios. Aunque en Francia las ayudas gubernamentales pretenden democratizar el acceso a la asistencia doméstica, esas ayudas se limitan a muy pocas horas y con sueldos muy bajos, de manera que contribuyen a la generalización de empleos domésticos precarios. Aquellos que carecen de los medios de las grandes fortunas, pues, no tienen más opción que ser «malos empleadores». Tampoco pueden permitirse delegarlo todo y deben elegir entre dos horas de asistencia doméstica para un familiar de edad avanzada, una hora de cuidado infantil o una hora de limpieza. Para las clases populares, recurrir a esa clase de servicios a domicilio resulta inimaginable, simple y llanamente. La mercantilización de los servicios remplaza el tejido relacional de ayuda mutua entre familiares, amigos o vecinos, que se está desintegrando a medida que la sociedad se vuelve más individualista, y que no tiene la misma densidad para unos que para otros. En lugar de reforzar los privilegios dejando el servicio doméstico en el ámbito de la economía de mercado, los poderes públicos podrían crear un verdadero servicio público de ayudas y de servicios a domicilio, accesible para todas y para todos, que genere empleos estables que se beneficien de un estatuto protector equivalente al de los funcionarios y de unos ingresos dignos.

Por lo demás, conviene cuestionar la lógica misma del servicio y el lugar que ocupan las tareas domésticas y los cuidados en la vida humana. Todo el mundo se confronta a ello, por sí mismo o a través de sus prójimos. Sin embargo, perdura la idea de que se trata de tareas degradantes, a las que no merece la pena dedicar tiempo ni pagar dignamente a aquellas que las ejecutan. En cierto modo, los repartidores de Deliveroo, de Uber o de Flink son los nuevos rostros de un servicio doméstico externalizado, bajo pedido, que reproduce a gran escala los privilegios de las grandes fortunas: no está reservado a los ricos, pero, sin lugar a dudas, consiste en mantener a distancia los inconvenientes que suponen las relaciones humanas. ¿Qué sentido tiene una sociedad en la que hay que liberarse de las tareas más vitales, en un sentido literal y figurado, y dejarse servir por pobres, inmigrantes y mujeres? Responder a una pregunta tan perturbadora como fundamental implica pensar en las condiciones de una sociedad en la que la transformación de las «necesidades» en servicios no solo se haga en favor de los más privilegiados, ni en detrimento de aquellas y aquellos que llevan a cabo las tareas domésticas y de cuidados. Las grandes fortunas siempre se van a convencer de que su servicio doméstico no es en absoluto superfluo y que tienen tanto mérito como derecho a cualquier tipo de servicio. Pero nada obliga a la mayoría de la población a pensar de ese modo.

Agradecimientos

Conocer a una socióloga, dejarla entrar en casa y abrirse requieren tiempo y confianza. Agradezco al conjunto de personas que me lo concedieron, pese a que algunas de ellas temían ese encuentro o disponían de escasos momentos libres. En particular, quisiera expresar toda mi gratitud a las empleadas domésticas con las que entablé amistades más allá de la investigación. Espero haber sabido dar cuenta de la complejidad de sus puntos de vista.

Este libro es fruto de varios años de investigación llevada a cabo en el marco de mi doctorado. Agradezco a Didier Demazière que supervisara ese proceso tan exigente y el apoyo que sigue brindándome todavía hoy. Gracias a Sophie Bernard, Dominique Memmi, Mélanie Jacquemin, Michel Lallement y Shamus Khan por haber evaluado ese trabajo de tesis y haber participado en los apasionantes debates que generó.

Aunque procede de mi tesis, este libro es muy distinto a ella. Paul Pasquali y Fabien Truong fueron los pilares de mi aprendizaje de un registro de escritura que rompe con los cánones académicos, sin perder su sustancia. Gracias a ellos por haberme insuflado esa manera profundamente liberadora de escribir sobre sociología y de volverla más inteligible.

Agradezco al equipo de la editorial La Découverte su acompañamiento y particularmente a Marie-Soline Royer sus pertinentes relecturas. Gracias también a Carole Lozano por sus sabios consejos.

La investigación es una aventura a la vez solitaria y colectiva. Guardo un grandísimo recuerdo de mis primeras investigaciones como estudiante. Mil gracias a mis profesores en la universidad y en la Escuela Normal Superior por haberme zambullido en el terreno desde los primeros años. Un pensamiento especial para mis compañeros del máster PDI y para aquellas y aquellos con quienes compartí ese gusto tan pronunciado por la investigación: Cécile Lesavre, Alexandra Hondermark, Abigail Bourguignon, Pierre Alayrac, Frédéric Salin, Julien Vitores, Alexandre Vayer y Quentin Schnapper alegraron y concretaron las reflexiones metodológicas y teóricas colectivas.

Me acogieron en un laboratorio especialmente propicio al debate, fundamental para avanzar tanto en el plano intelectual, como profesional y humano. Saludo y doy las gracias al conjunto de los miembros del CSO y, en particular, a Anne-Laure Beaussier, Marie-Emmanuelle Chessel, Émilie Biland-Curinier, Sylvain Brunier, Sophie Dubuisson-Quellier, Jean-Noël Jouzel, Claire Lemercier, Emmanuelle Marchal, Jérôme Pélisse, Olivier Pilmis y Denis Segrestin, que me releyeron y me acompañaron durante las diferentes etapas y pruebas que jalonan la profesión de socióloga. Gracias infinitas a Samia Ben y Valérie Bonnet Kebbouche por escucharme y darme unos consejos tan reconfortantes.

También saqué la energía necesaria para escribir este libro de las fabulosas colaboraciones con mis colegas que estudian el trabajo doméstico. Gracias a Hélène Malarmey, Ranime Alsheltawy y Christine Deslaurier, con quienes deseo continuar esta clase de aventuras. Gracias a todas las personas implicadas en las actividades del seminario «Domesticidades», un espacio de fructífera discusión que no deja de nutrir mis reflexiones sobre este objeto de estudio. En general, pienso en todas aquellas y todos aquellos que, en el marco de publicaciones, de jornadas de estudio, de coloquios y de enseñanzas, han contribuido enormemente a que mis ideas maduren.

Agradezco con todo mi corazón a Sébastien Billows, Anna Egea, Amélie Marissal, Lucille Dupréelle y Hugues Bonnefon su apoyo y las alegrías que compartimos.

Gracias a Aline y Manon por su amistad infalible. Gracias a Rosida por toda la seguridad y el afecto que da a mi hija.

Soy consciente de la suerte que tengo de ser apoyada por mi familia en mis elecciones. Les debo la determinación y la pasión que me han guiado hasta el presente. Me habría gustado ver a mi abuela Danielle con este libro entre las manos.

Por último, solo Hervé sabe todo lo que representa para mí esta obra. Gracias a él por el amor incondicional que me profesa.

Notas

Introducción

1. Jean-Pierre Robin, «Le grand retour des domestiques dans la société française», *Le Figaro*, 3 de diciembre de 2018.

2. Jennifer N. Fish, *Domestic Workers of the World Unite!*, New York University Press, Nueva York, 2017.

3. Margot Béal, *Des champs aux cuisines. Histoire de la domesticité en Rhône et Loire, 1848-1940*, ENS Éditions, París, 2019; Jacquelin Martin-Huan, *La Longue Marche des domestiques en France, du XIXè siècle à nos jours*, Opéra, París, 1997.

4. Alain Ruggiero, «La bourgeoisie niçoise au milieu du XIXè siècle. Essai de caractérisation», *Cahiers de la Méditerranée*, n.º 46-47, 1993, pp. 85-95.

5. Anne Martin-Fugier, *La Place des bonnes. La domesticité féminine à Paris en 1990*, Grasset & Fasquelle, París, 1979.

6. Pierre Guiral y Guy Thuillier, *La Vie quotidienne des domestiques en France au XIXè siècle*, Hachette, París, 1978; Karine Vasselin, «Faire le ménage: de la condition domestique à la revendication d'une professionnalité», en Françoise Piotet (dir.), *La Révolution des métiers*, PUF, París, 2002, pp. 77-98.

7. International Labour Organization (ILO), *Making Decent Work a Reality for Domestic Workers. Progress and Prospects Ten Years After the Adoption of the Domestic Workers Convention,*

2011 (n.º 189), Ginebra, 2021; Dares, *Rapport sur les services à la personne*, *DARES Résultats*, n.º 70, diciembre de 2021

8. Clément Carbonnier y Nathalie Morel, *Le Retour des domestiques*, Seuil, París, 2018; François-Xavier Devetter y Sandrine Rousseau, *Du balai. Essai sur le ménage à domicile et le retour de la domesticité*, Raisons d'Agir, París, 2011.

9. Para un resumen del asunto, véase el artículo de «Décodeurs» de *Le Monde*: Samuel Laurent, «Si vous n'avez rien suivi à l'affaire Bettencourt», *Le Monde*, 26 de enero de 2015.

10. Dominique Memmi, Bruno Cousin y Anne Lambert, «Servir (chez) les autres. Pérennité et mutations de la domination rapprochée», *Actes de la recherche en sciences sociales*, vol. 5, n.º 230, 2019, pp. 108-119.

11. Florence Weber, «La déontologie ethnographique à l'épreuve du documentaire», *Revue de synthèse*, vol. 132, n.º 3, 2011, pp. 325-349.

12. Bruno Cousin, Shamus Khan y Ashley Mears, «Theoretical and methodological pathways for research on elites», *Socio-Economic Review*, vol. 16, n.º 2, 2018, pp. 225-249.

13. En su investigación sobre la ideología política de los burgueses, Kevin Geay indaga en qué medida la antigua (alta) burguesía francesa se siente obligada a adoptar las prácticas internacionalizadas —educativas, especialmente— de las nuevas fortunas, con el fin de perpetuar su pertenencia de clase. Kevin Geay, *Enquête chez les bourgeois*, Fayard, París, 2019.

14. Christelle Avril, *Les Aides à domicile. Un autre monde populaire*, La Dispute, París, 2014.

15. Viviana A. Zelizer, *The Purchase of Intimacy*, Princeton University Press, Princeton, 2005.

16. Michel Pinçon y Monique Pinçon-Charlot, *Nouveaux Patrons, nouvelles dynasties*, Calmann-Lévy, París, 1999; Anne-Catherine Wagner, « Les classes dominantes à l'épreuve de la mondialisation », *Actes de la recherche en sciences sociales*, vol. 5, n.º 190, pp. 4-9; Sylvain Laurens, *Les Courtiers du capitalisme*, Agone, Marsella, 2015.

17. François Xavier Devetter y Julie Valentin, *Deux Millions de travailleurs et des poussières. L'avenir des emplois du nettoyage dans une société juste*, Les Petits Matins, París, 2021.

18. Véase Lucas Chancel, Thomas Piketty, Emmanuel Saez y Gabriel Zucman (dir.), *Rapport sur les inégalités mondiales 2022*, Seuil, París, 2022.

19. Leïla Slimani, *Canción dulce*, traducción de Malika Embarek, Cabaret Voltaire, Madrid, 2017.

20. Jean Genet, *Las criadas*, traducción de Luce Moreau-Arrabal, Alianza, Madrid, 1983.

21. Sobre la novela de Leïla Slimani, véase Alizée Delpierre, «Disparaître pour servir: les nounous ont-elles un corps?», *L'Homme & la Société*, vol. 1-2, n.º 203-204, 2017, pp. 261-270.

22. Monique Pinçon y Michel Pinçon-Charlot, *Les Ghettos du Gotha. Comment la bourgeoisie défend ses espaces*, Seuil, París, 2007.

23. Éric Mension-Rigau, «La noblesse et le Jockey Club», en Marc Fumaroli *et al.* (dir.), *Élites et sociabilité en France*, Perrin, París, 2003, pp. 35-41; Alice Bavard, «Le cercle aristocratique dans la France bourgeoise 1880-1939», *Histoire, économie & société*, vol. 1, año 30, pp. 35-99.

24. Cyril Grange, *Les Gens du Bottin Mondain. 1903-1987. Y être, c'est en être*, Fayard, París, 1996.

25. Stéphanie Vermeersch, «Bien vivre au-delà du "périph": les compromis des classes moyennes», *Sociétés contemporaines*, vol. 3, n.º 83, 2011, pp. 31-154.

26. Bernard Lahire, *La Culture des individus. Dissonances culturelles et distinction de soi*, La Découverte, París, 2004.

27. Christine Mennesson *et al.*, «Forger sa volonté ou s'exprimer: les usages socialement différenciés des pratiques physiques et sportives enfantines», *Sociologie*, vol. 7, n.º 4, pp. 393-412.

28. Sylvain Laurens, «"Pourquoi" et "Comment" poser les questions qui fâchent? Réflexions sur les dilemmes récurrents que posent les entretiens avec des "imposants"», *Genèses*, vol. 4, n.º 69, pp. 112-127.

29. Anne Monjaret y Catherine Pugeault (dir.), *Le Sexe de*

l'enquête. Approches sociologiques et anthropologiques, ENS Éditions, París, 2014.

30. Kazuo Ishiguro, *Los restos del día*, traducción de Ángel Luis Hernández, Anagrama, Barcelona, 1994.

31. Dominique Memmi, «Mai 68 ou la crise de la domination rapprochée », en Dominique Dammame *et al.*, *Mai-Juin 68*, Éditions de l'Atelier, París, 2008, pp. 35-46; Dominique Memmi, Bruno Cousin y Anne Lambert, «Servir (chez) les autres. Pérennité et mutations de la domination rapprochée», *Actes de la recherche en sciences sociales*, vol. 5, n.º 230, 2019, pp. 108-119.

1. El sueño de las sirvientas

1. Didier Demazière, «L'entretien de recherche et ses conditions de réalisation. Variété des sujets enquêtés et des objets de l'enquête», *Sur le journalisme*, *Université de Bruxelles*, vol. 1, n.º 1, 2012, pp. 30-39.

2. Pierre Bourdieu, «L'illusion biographique», en *Actes de la recherche en sciences sociales*, n.º 62-63, 1996, pp. 69-72.

3. Bruno Cousin y Sébastien Chauvin, «Vers une hyperbourgeoisie mondialisée?», en Fondation Copernic (dir.), *Manuel indocile de sciences sociales. Pour des savoirs résistants*, La Découverte, París, 2019, pp. 640-649.

4. Michel Pinçon y Monique Pinçon-Charlot, *Dans les beaux quartiers*, La Découverte, París, 1989.

5. Thibaut Menoux, «Can the subaltern gaze? Esthétique du regard de classe des employé.e.s des services de luxe», *Poli. Politique de l'image*, n.º 14, 2018, pp. 100-111.

6. Judith Rollins, «Entre femmes. Les domestiques et leurs patronnes», *Actes de la recherche en sciences sociales*, vol. 85, 1990, pp. 63-77.

7. Dominique Vidal, *Les Bonnes de Rio. Emploi domestique et société démocratique au Brésil*, Septentrion, Villeneuve-d'Ascq, 2007.

8. François-Xavier Devetter, Florence Jany-Catrice y Thierry Ribault, *Les Services à la personne*, La Découverte, París, 2009; Clément Carbonnier y Nathalie Morel, *Le Retour des domestiques*, Seuil, París, 2018.

9. Mélanie Jacquemin, *«Petites Bonnes» d'Abidjan*, L'Harmattan, París, 2012.

10. Pierre Bourdieu, *Raisons pratiques*, Seuil, París, 2014 [1994].

11. Véase el último informe del DARES, el instituto de estadística del ministerio del Trabajo de Francia, sobre este tema: DARES, «Les salariés des services à la personne: comment évoluent leurs conditions de travail et d'emploi?», *Dares Analyses*, n.º 38, agosto de 2018.

12. Abdelmalek Sayad, *La Double Absence. Des illusions de l'émigré aux souffrances de l'immigré*, Seuil, París, 1999; Simeng Wang, *Illusions et souffrances. Les migrants chinois à Paris*, Éditions Rue d'Ulm, París, 2017.

13. Simaïn Laacher, *Ce qu'immigrer veut dire. Idées reçues sur l'immigration*, Le Cavalier Bleu Éditions, París, 2016.

14. Monique Pinçon y Michel Pinçon-Charlot, *Grandes Fortunes. Dynasties familiales et formes de richesse en France*, Payot & Rivages, París, 1996.

15. Anne-Martin-Fugier, *La Place des bonnes. La domesticité féminine à Paris en 1900*, Perrin, París, 2004 [1979].

16. Liliane Bernardo, «La place des sentiments dans l'aide professionnelle de gré à gré», en Séverine Gojard *et al.*, *Charges de famille. Dépendance et parenté dans la France contemporaine*, La Découverte, París, 2003, pp. 362-389.

17. Pierre Bourdieu, *Le Sens pratique*, Les Éditions de Minuit, París, 1980.

2. Lo que quieren los ricos

1. Pierre Guiral y Guy Thuiller, *La Vie quotidienne des domestiques en France au XIXè siècle*, Hachette, París, 1978.

2. Kévin Geay, *Enquête sur les bourgeois. Aux marges des beaux quartiers*, Fayard, París, 2019.

3. Bruno Cousin, Shamus Khan y Ashley Mears, «Theoretical and methodological pathways for research on elites», *Socio-Economic Review*, vol. 16, n.º 2, 2018, pp. 225-249.

4. Cissie Fairchilds, «Masters and servants in eighteenth century Toulouse», *Journal of Social History*, vol. 12 (3), 1979, pp. 368-393; Sophie de Laverny, *Les Domestiques commensaux du roi de France au XVIIè siècle*, Presse de l'Université Paris-Sorbonne, París, 2003.

5. La periodista Ixchel Delaporte lo ha investigado metiéndose «en la piel» de una dama de compañía: *Dame de compagnie. En immersion au pays de la vieillesse*, Le Rouergue, París, 2021.

6. Fondos del archivo del ACI, conservados en el CNAEF. Caja 13 LA 168-1966 I, notas de lectura, «Enquête de février sur les biens», febrero de 1966.

7. Anne-Catherine Wagner, «Mariages assortis et logiques de l'entre-soi dans l'aristocratie et dans la haute bourgeoisie», *Migrations Société*, vol. 5, n.º 119, pp. 229-242; Bruno Cousin y Sébastien Chauvin, «Old money, networks and distinction. The social and service clubs of Milan's upper classes», en Ray Forrest *et al.* (dir.), *Cities and the Super-Rich: Real Estate, Elite Practices, and Urban Political Economies*, Palgrave Macmillan, Nueva York, 2017, pp. 147-165.

8. Anne Martin-Fugier, *La Place des bonnes*, *op. cit.*

9. Bruno Cousin y Sébastien Chauvin, «Grands cercles et sociabilité des élites mondiales», en Bertrand Badie y Dominique Vidal (dir.), *Qui gouverne le monde? L'État du monde*, La Découverte, París, 2016, pp. 186-193.

10. Branko Milanovic, *Inégalités mondiales. Le destin des classes moyennes, les ultra-riches et l'égalité des chances*, La Découverte, París, 2019.

11. Michel Pinçon y Monique Pinçon-Charlot, *Châteaux et châtelains. Les siècles passent, le symbole demeure*, Anne Carrière, París, 2005.

12. Nicolas Renahy y Pierre-Emmanuel Sorignet, «Intro-

duction. Pour une sociologie du mépris de clase. L'économie des affects au cœur de la domination», *Sociétés contemporaines*, vol. 3, n.º 119, 2020, pp. 5-32.

13. Norbert Elias, *La Société de cour*, Calmann-Lévy, París, 1974 [1969]; Thorstein Veblen, *Théorie de la classe de loisir*, Gallimard, París, 2014 [1899].

14. Margot Béal, *Des champs aux cuisines. Histoire de la domesticité en Rhône et Loire, 1848-1940*, ENS Éditions, París, 2019.

15. Natacha Borgeaud-Garciandia y Bruno Lautier, «La personnalisation de la relation de domination au travail: les ouvrières des maquilas et les employées domestiques en Amérique latine», *Actuel Marx*, vol. 1, n.º 49, 2011, pp. 104-120.

16. Aurélie Chatenet, «La femme, maîtresse de maison? Rôle et place des femmes dans les ouvrages d'économie domestique au XVIIIe siècle», *Histoire, économie & société*, vol. 4 (año 28), 2009, pp. 21-34.

17. Judith Rollins, «Entre femmes. Les domestiques et leurs patronnes», *art. cit.*

18. Jules Falquet, Helena Hirata, Danièle Kergoat, Brahim Labari, Nicky Le Feuvre y Fatou Sow (dir.), *Le Sexe de la mondialisation. Genre, classe, race et nouvelle division du travail*, Presses de Sciences Po, París, 2010.

19. Christine Delphy, *L'Ennemi principal*, vol. 1: *Économie politique du patriarcat* y vol. 2: *Penser le genre*, Syllepse, París, 1997 y 2001.

20. Para una historia de las luchas feministas en Francia, véase Bibia Pavard, Florence Rochefort y Michelle Zancarini-Fournel, *Ne nous libérez pas, on s'en charge. Une histoire des féminismes de 1789 à nos jours*, La Découverte, París, 2020.

3. Un buen partido

1. Rhacel S. Parreñas, *Servants of Globalization: Women, Migration, and Domestic Work*, Stanford University Press, Stan-

ford, 2001. Los estudios acerca de las sirvientas filipinas migrantes son muy numerosos. Sobre las filipinas en Francia, véase Liane Mozère, «Des domestiques philippines à Paris. Un marché mundial de la domesticité défini en termes de genre?», *Journal des anthropologues*, n.º 96-97, 2004, pp. 291-319.

2. Julien Debonneville, *Servitude et mondialisation. Les domestiques philippines*, Hémisphère Édtions, París, 2021.

3. Véase Olivia Killias, *Follow the Maid. Domestic Workers in and from Indonesia*, Nias Press, Copenhague, 2018.

4. Amélie Le Renard, *Le Privilège occidental. Travail, intimité et hiérarchies postcoloniales à Dubaï*, Les Presses de Sciences Po, París, 2019.

5. Sarah Mazouz, «Les mots pour le dire. La qualification raciale, du terrain à l'écriture», en Didier Fassin y Alban Bensa (dir.), *Les Politiques de l'enquête. Épreuves ethnographiques*, La Découverte, París, 2008, pp. 81-98.

6. Marie Bergström, *Les Nouvelles Lois de l'amour. Sexualité, couple et rencontres au temps du numérique*, La Découverte, París, 2019.

7. Gabrielle Schütz, *Jeunes, jolies et sous-traitées: les hôtesses d'accueil*, La Dispute, París, 2018; Julien Debonneville, «Always wear a smile on your face!», *Journal des anthropologues*, vol. 3, n.º 5, pp. 51-77.

8. Anne Lambert, «Apprendre à servir et aimer servir. Les hôtesses de l'air en première classe», *Actes de la recherche en sciences sociales*, vol. 5, n.º 230, 2019, pp. 36-55.

9. Pierre-Emmanuel Sorignet, *Danser. Enquête dans les coulisses d'une vocation*, La Découverte, París, 2012.

10. Especialmente en las empresas, tal y como demuestra Emmanuel Marchal, *Les Embarras des recruteurs. Enquête sur le marché du travail*, EHESS, París, 2015.

11. Gabrielle Schütz, *Jeunes, jolies et sous-traitées: les hôtesses d'accueil*, *op. cit.*

12. Ashley Mears, *Pricing Beauty: the Making of a Fashion Model*, University of California Press; Berkeley, 2011; Giulia

Mensitieri, *«Le plus beau métier du monde». Dans les coulisses de la mode*, La Découverte, París, 2018.

13. Oumaya Hidri, «Se forger une apparence "recrutable": une stratégie d'insertion professionnelle des étudiant(e)s», *Travailler*, vol. 20, n.º 2, pp. 99-122, 2008.

14. Véase Amélie Le Renard, *Le Privilège occidental, op. cit.*

15. Dominique Memmi, «Une situation sans issues? Le difficile face-à-face entre maîtres et domestiques dans le cinéma anglais et français», *Cahiers du genre*, vol. 35, n.º 2, pp. 209-235, 2003.

16. Rachel Sherman, *Class Act. Service and Inequality in Luxury Hotels*, University of California Press, Berkeley, 2007.

17. Alizée Delpierre, «Les "bons" corps de la domesticité. Recrutements physiques et jugements esthétiques du personnel de maison des grandes fortunes», *Genèses*, vol. 2, n.º 123, 2021, pp. 8-27.

18. Nicolas Renahy y Pierre-Emmanuel Sorignet, «Introduction. Pour une sociologie du mépris de classe. L'économie des affects au cœur de la domination», *art. cit.*

19. Sobre los usos del término «raza» en sociología, véase Sarah Mazouz, *Race*, Anamosa, París, 2020.

20. Nicolas Jounin, *Chantier interdit au public. Enquête parmi les travailleurs du bâtiment*, La Découverte, París, 2008.

21. Caroline Ibos, *Qui gardera nos enfants? Les nounous et les mères*, Flammarion, París, 2012.

22. Wilfried Lignier y Julie Pagis, «Le dégoût des autres», *Genèses*, vol. 3, n.º 96, pp. 2-8, 2014. Para una historia de la aversión sensorial de clase, véase Alain Corbin, *Le Miasme et la Jonquille. L'odorat et l'imaginaire social (XVIIIè-XIXè siècles)*, Flammarion, París, 2016.

23. Lila Belkacem, Amélie Le Renard y Myriam Paris, «Race», en Juliette Rennes, *Encyclopédie critique du genre*, La Découverte, París, 2021, pp. 643-653.

4. Cuerpos en el trabajo

1. Anne-Chantal Hardy, «Doner, recevoir et rendre: reflexión sur les règles de l'échange sociologique», *¿Interrogations?*, n.º 13 [en línea], 2011.

2. Wilfried Lignier, «Implications ethnographiques», *Genèses*, vol. 1, n.º 90, 2013, pp. 2-6.

3. Anne Monjaret y Catherine Pugeault (dir.), *Le Sexe de l'enquête, Approches sociologiques et anthropologiques*, ENS Éditions, París, 2014.

4. Geneviève Cresson y Nicole Gadrey, «Entre famille et métier: le travail du *care*», *Nouvelles Questions féministes*, vol. 23, 2004, n.º 3, pp. 26-41.

5. Yamila Simonovsky y Malte Luebker, «Estimations mondiales et regionales concernant les travailleurs domestiques», en OIT, *Travail domestique, Note d'information n.º 4, Programme des conditions de travail et d'emploi*, 2013.

6. Félicie Drouilleau-Gay, *Secrets de familles. Parenté et emploi domestique à Bogota (Colombie, 1950-2010)*, Pétra, París, 2019.

7. Arlie R. Hochschild, «Le nouvel or du monde», *Nouvelles Questions féministes*, vol. 23, n.º 3, 2004, pp. 59-74.

8. Christelle Avril, *Les Aides à domicile: un autre monde populaire*, La Dispute, París, 2014.

9. Alizée Delpierre y François-Xavier Devetter, «Un travail sous silence. La mobilisation collective des travailleurs domestiques est-elle imposible?», en Claire Vivès (dir.), *Le Travail en luttes. Résistances, conflictualités et actions collectives*, Octarès, Toulouse, 2022.

10. Armelle Giglio-Jacquemot, *Nice, bonne au Brésil*, R & O Multimédia, France-Brésil, 2009.

11. Florence Jany-Catrice, «Mise en visibilité statistique des emplois dans les services à la personne», *La Revue de l'Ires*, vol. 3, n.º 78, 2013, pp. 25-49.

12. Bruno Cousin y Anne Lambert, «Grandes fortunes et

service personnels», *Actes de recherche en sciences sociales*, n.º 230, 2019, pp. 4-11.

13. Christelle Avril, «Sécrétaires, des domestiques comme les autres?», *Mélanges de l'École française de Rome – Italie et Méditerrannée modernes et contemporaines*, vol. 131, n.º 1, 2019, pp. 153-168.

14. Thibaut Menoux y Camille Noûs, «Les deux corps du travail dans les services de luxe. Enjeux physiques de la représentation chez les concièrges d'hôtel, *Sociétés contemporaines*, vol. 1, n.º 117, 2020, pp. 47-71.

15. Alizée Delpierre, «"Cette fois, la ligne rouge a été franchie". Conflits et ruptures de la relation de service dans la domesticité élitaire», *La Nouvelle Revue du travail* [en línea], 2019.

16. Claudette Lacelle, *Les domestiques en milieu urbain canadien au XIXè siècle*, Lieux et parcs historiques nationaux, Environnement Canada, Ottawa, 1987, pp. 189-190.

17. Maria Arondo, *Moi, la bonne*, Stock, París, 1975.

5. El derecho a explotar

1. Doan Bui, «"Madame me faisait portes des couches": l'histoire de Damien, 31 ans, ex-bonne», *L'Obs* [en ligne], 25 de agosto de 2015.

2. Romain Boulho, «"J'étais coincé là-bas": le huis clos terrible de Méthode Sindayigaya, réduit en esclavage», *Libération*, 18 de febrero de 2021.

3. Pierre Lascoumes y Carla Nagels, *Sociologie des élites délinquantes. De la criminalité en col blanc à la corruption politique*, Armand Colin, París, 2014.

4. Karine Vasselin, «Faire le ménage: de la condition domestique à la revendication d'une professionnalité», en Françoise Piotet (dir.), *La Révolution des métiers*, PUF, París, 2002, pp. 77-98.

5. Fondos de los archivos del ACI conservados en los archi-

vos del Centro Nacional de los Archivos de la Iglesia de Francia (CNAEF, en sus siglas originales). Caja 13 LA146-12388-1953 a 1957: «Notes de lecture». 1953-1954: «Enquête vie de travail».

6. Isabelle Puech, «Genèse de la convention collective des employés de la maison (1930-1951). La mobilisation des employeuses pour la reconnaissance du travail domestique en France», *L'Homme et la Société*, vol. 21, n.º 214-215, 2022, pp. 31-50.

7. Carole Pateman y Charles W. Mills, *Contract and Domination*, Polity Press, Cambridge, 2007.

8. Pascale Molinier, «Des féministes et de leurs femmes de ménage: entre réciprocité du *care* et souhait de dépersonnalisation», *Multitudes*, vol. 37-38, n.º 2, 2009, pp. 113-121; Elsa Dorlin (dir.), *Sexe, race, classe. Pour une épistémologie de la domination*, PUF, París, 2009.

9. Alizée Delpierre, «The price of "golden exploitation". How money flows from the super-rich to domestic workers support inequalities», *Socio-Economic Review*, 28 de septiembre de 2021.

10. Jérôme Pélisse y Shauhin Talesh, «How legal intermediaries facilitate or inhibit social change», *Studies in Law, Politics and Society*, vol. 79, 2019, pp. 111-145.

11. Alizée Delpierre, «Faire comme l'aristocratie? Le placement des majordomes chez les Nouvelles fortunes», *Actes de la recherche en sciences sociales*, vol. 5, n.º 230, 2019, pp. 92-107; «"Blanchir" la domesticité. La reproduction des hiérarchies de race, de classe et de sexe dans la production d'un personnel de luxe en Afrique du Sud», *Politique africaine*, n.º 154, 2019, pp. 95-119.

6. Quedarse o marcharse

1. Antoinette Fauve-Chamoux, *Domestic Service and the Formation of European Identity. Understanding the Globalization of Domestic Work, 16th-21th Centuries*, Peter Lang, Berna, 2004.

2. Alizée Delpierre, «Les "bons" corps de la domesticité. Recrutements physiques et juegements esthétiques du personnel

de maison des grandes fortunes», *Genèses*, vol. 2, n.º 123, 2021, pp. 8-27.

3. Ranime Alsheltawy y Alizée Delpierre, «Introduction. Petites et grandes résistances dans les domesticités», *L'Homme et la Société*, vol. 1, n.º 214, 2021.

4. Amin Allal, Myriam Catusse y Montserrat Emperador Badimon (dir.), *Quand l'industrie proteste*, PUR, París, 2018.

5. Lydia Lecher, *Bienvenue chez les riches*, Michel Laffont, París, 2016.

6. Fabien Truong, *Jeunesse française: Bac + 5 made in banlieue*, La Découverte, París, 2015.

7. Shireen Ally, *From Servants to Workers: South African Domestic Workers and the Democratic State*, Cornell University Press, Nueva York, 2009.

8. Bruno Cousin y Sébastien Chauvin, «L'entre-soi élitaire à Saint-Barthélemy», *Ethnologie française*, vol. 42, n.º 2, 2012, pp. 335-345.

9. Priscilla Claeys y Audrey Richard-Ferroudji, «Les expatrié·e·s face à leurs employé·e·s domestiques à Pondichéry (Inde). Entre maternalisme, libéralisme, racisme et solidarité», *Revue internationale des études du développement*, vol. 2, n.º 246, 2021, pp. 121-149.

10. Juliette Rennes (dir.), *Encyclopédie critique du genre. Corps, sexualité, rapports sociaux*, La Découverte, París, 2016.

11. François-Xavier Devetter y Florence Jany-Catrice, «L'invention d'un secteur et ses consequences socio-économiques: les politiques de soutien aux services à la personne», *Politiques et management public*, vol. 27, n.º 2, 2010, pp. 75-101.

12. Alizée Delpierre, «De la bonne au majordome. Contrôle des corps et des relations entre les sexes dans la domesticité élitaire», *Sociologie du travail*, vol. 61, n.º 3 [en línea], 2019.